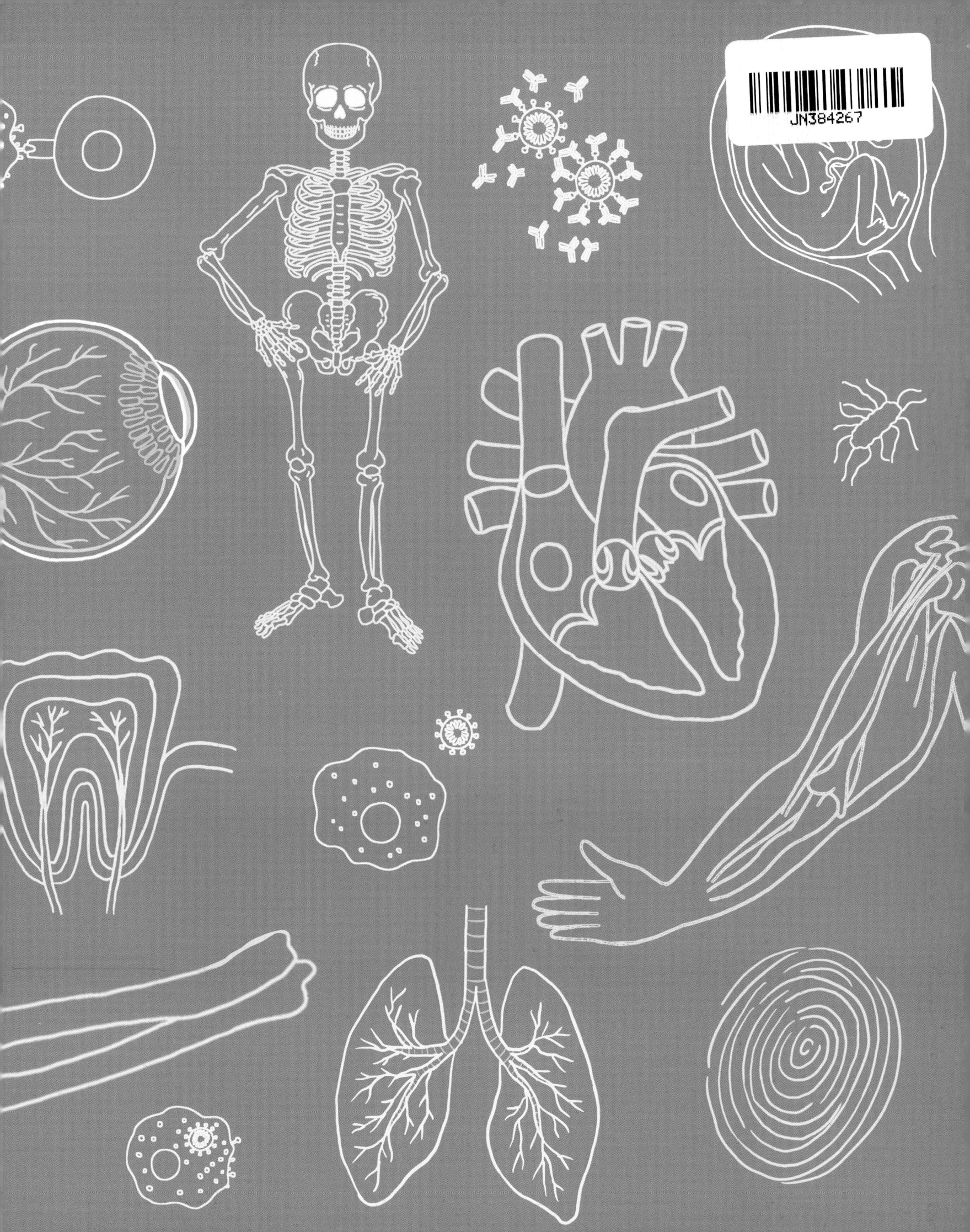

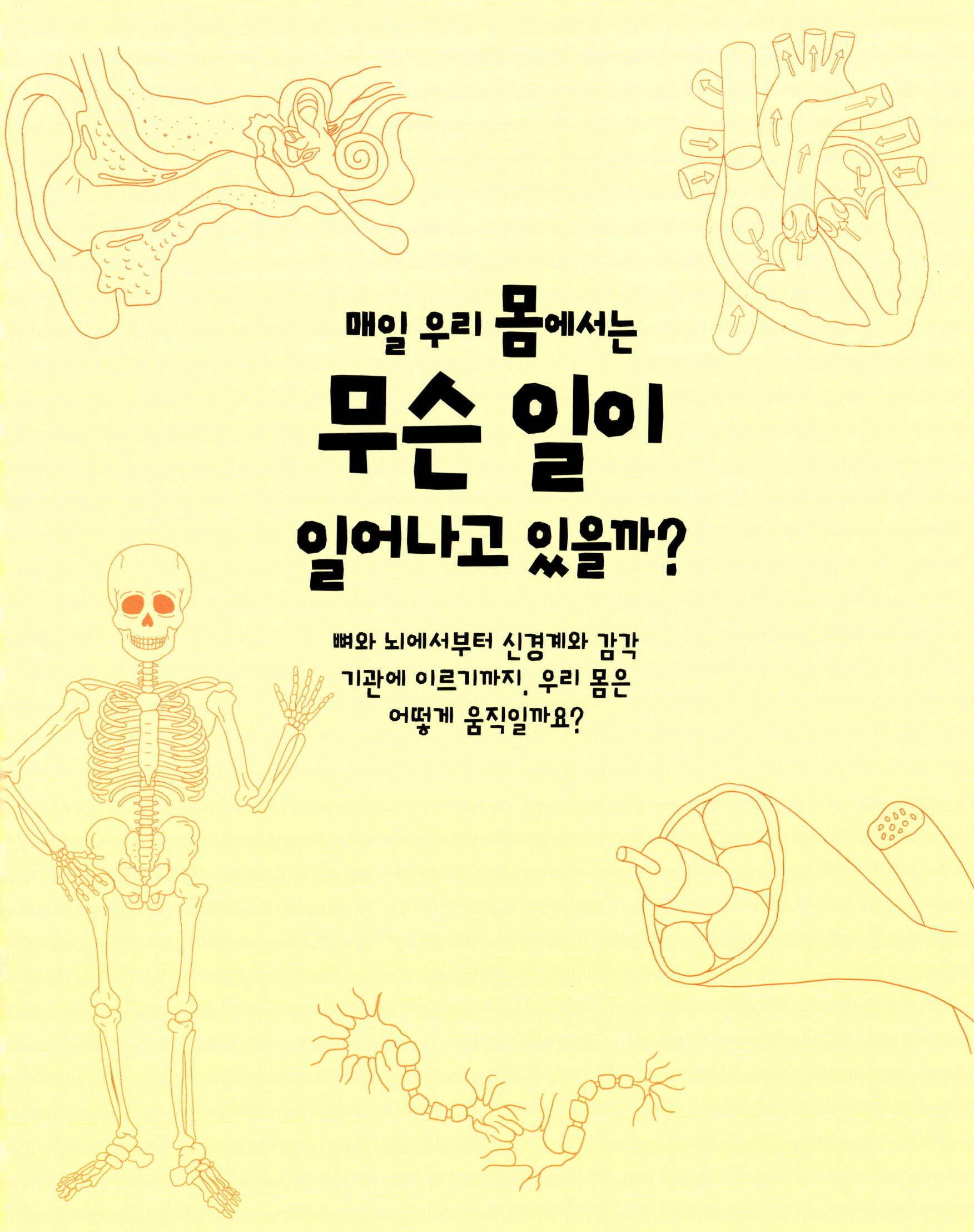

매일 우리 몸에서는 무슨 일이 일어나고 있을까?
THE EVERYDAY HAPPENINGS OF THE HUMAN BODY

1판 1쇄 | 2024년 5월 9일

글 | 클로디아 마틴
그림 | 발푸리 커툴라
옮김 | 한성희

펴낸이 | 박현진
펴낸곳 | (주)풀과바람
주소 | 경기도 파주시 회동길 329
전화 | 031) 955-9655~6
팩스 | 031) 955-9657
출판등록 | 2000년 4월 24일 제20-328호
홈페이지 | www.grassandwind.co.kr
이메일 | grassandwind@hanmail.net

편집 | 이영란
마케팅 | 이승민

값 18,000원
ISBN 979-11-7147-056-3 77470

THE EVERYDAY HAPPENINGS OF THE HUMAN BODY
Written by Claudia Martin and illustrated by Valpuri Kerttula
Copyright ⓒ 2024 Quarto Publishing Plc

First published in the UK in 2024 by Design Eye, an imprint of The Quarto Group

All rights reserved.
Korean translation rights ⓒ GrassandWind Publishing, 2024
This Korean edition was published by arrangement with The Quarto Group through THE Agency, Korea.

이 책의 한국어판 저작권은 더에이전시를 통해 The Quarto Group과의 독점 계약으로 (주)풀과바람이 소유합니다.
신 저작권법에 의해 한국 내에서 보호를 받는 저작물이므로 무단 전재와 복제를 금합니다.

※잘못 만들어진 책은 구입처에서 바꾸어 드립니다.

제품명 매일 우리 몸에서는 무슨 일이 일어나고 있을까? | 제조자명 (주)풀과바람
제조국명 대한민국 | 전화번호 031)955-9655~6 | 주소 경기도 파주시 회동길 329
제조년월 2024년 5월 9일 | 사용 연령 8세 이상
KC마크는 이 제품이 공통안전기준에 적합하였음을 의미합니다.

⚠ 주의
어린이가 책 모서리에 다치지 않게 주의하세요.

매일 우리 몸에서는
무슨 일이
일어나고 있을까?

뼈와 뇌에서부터 신경계와 감각
기관에 이르기까지, 우리 몸은
어떻게 움직일까요?

클로디아 마틴 · 글
발푸리 커툴라 · 그림
한성희 · 옮김

풀과바람

차례

아주 뛰어난, 사람의 몸　6

8　**나는 무엇으로 만들어졌을까요?**
　　세포와 조직과 몸의 구성 요소

나는 어떻게 태어났을까요?　10
　　자궁에서 자라는 난자

12　**뼈는 왜 필요할까요?**
　　성장하는 뼈

몸은 어떻게 움직이는 걸까요?　14
　　근육의 움직임

16　**심장은 왜 쿵쿵 뛸까요?**
　　쿵쿵 뛰는 심장 안에서

숨 쉴 때 무슨 일이 일어날까요?　18
　　폐와 호흡 기관

20　**피는 왜 빨간색일까요?**
　　온몸을 돌아다니는 적혈구

피부는 어디에 쓰이나요?　22
　　피부는 어떻게 날 지키고
　　시원하게 유지하는지

24　**털은 어떻게 자라나요?**
　　털 색깔과 길게 자라고, 빠지는 털

26 뇌는 무슨 일을 할까요?
신경계와 작용 방식

28 잘 때 무슨 일이 벌어지나요?
꿈과 활발한 마음

30 어떻게 사물을 보는 걸까요?
눈과 빛과 색

32 소리는 어떻게 듣는 걸까요?
소리의 귓속 여정

34 냄새와 맛은 어떻게 느낄까요?
음식 맛을 어떻게 이해하는지

36 감정은 무엇일까요?
감정의 힘

38 먹을 때 무슨 일이 일어날까요?
소화 기관의 모든 것

40 배설물이나 분비물은 어디에 쓰이나요?
오줌, 콧물, 고름과 귀지

42 내 몸은 어떻게 나를 보호할까요?
침입자를 막는 천연 방어막

44 나이가 들면 어떤 일이 생기나요?
시간이 지남에 따라 어떻게 몸이 변하는지

46 인체 관련 단어 풀이

아주 뛰어난, 사람의 몸

사람의 몸(인체)은 아주 뛰어나요!
책을 보며 몸에서 어떤 일이 일어나는지 알아볼까요?

1 뇌는 근육으로 신호를 보내요. 그러면 근육이 팔과 손에 있는 뼈를 당겨서 책을 넘겨요.

2 눈은 뇌로 신호를 보내요. 그러면 뇌가 말과 그림을 이해하죠.

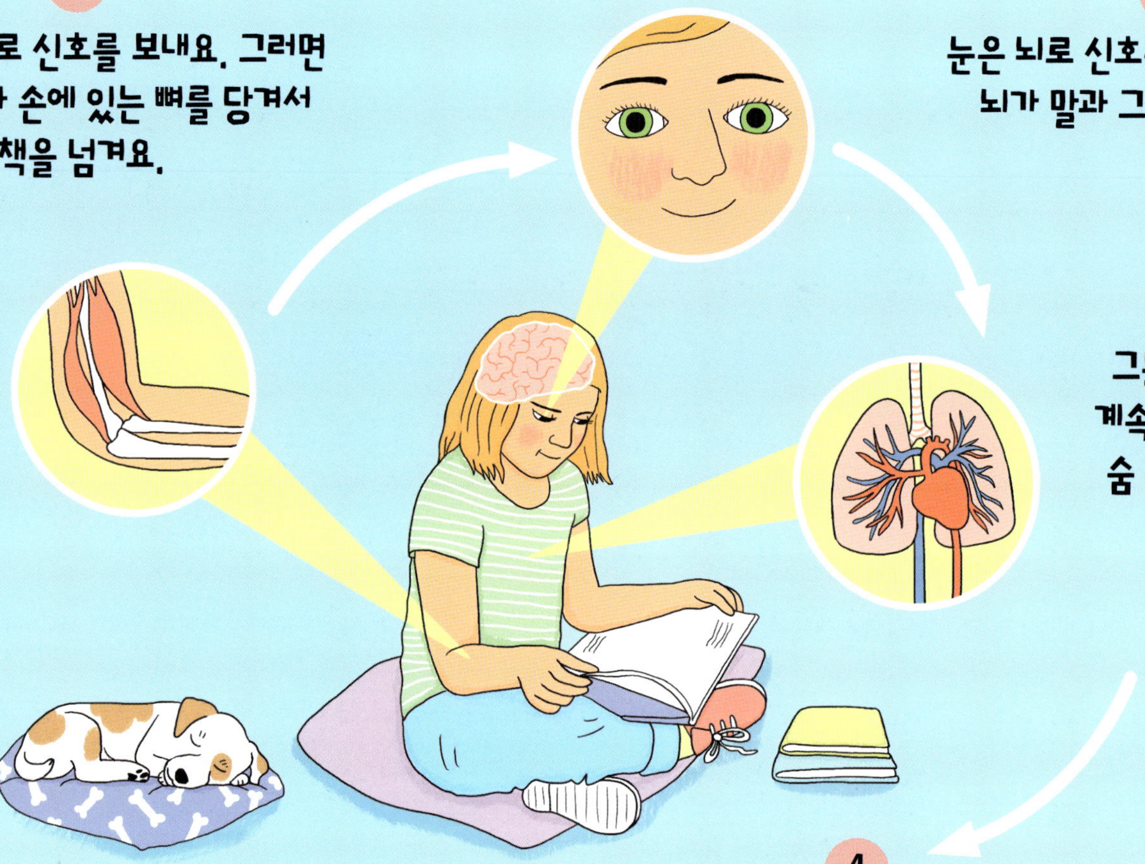

3 그동안 뇌는 멈추지 않고 계속해서 심장이 뛰고 폐가 숨 쉬도록 신호를 보내요.

4 마지막으로 뇌가 기억에 정보를 저장하면, 이제 인체에 관해 많은 것을 알게 되죠!

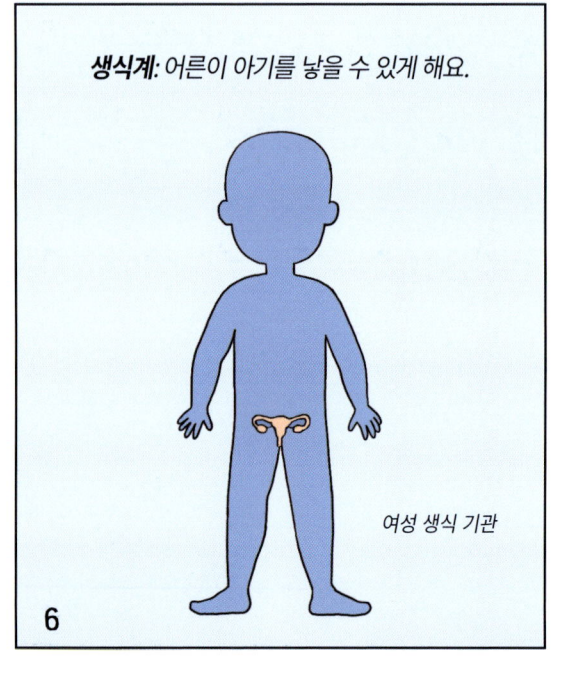

생식계: 어른이 아기를 낳을 수 있게 해요.

여성 생식 기관

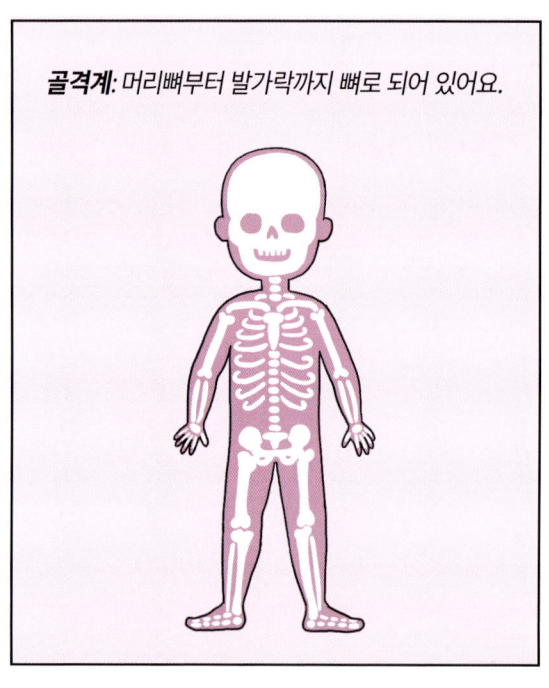

골격계: 머리뼈부터 발가락까지 뼈로 되어 있어요.

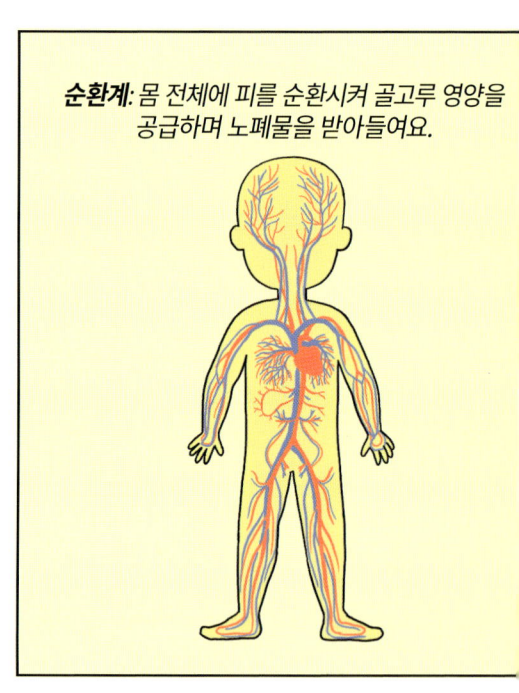

순환계: 몸 전체에 피를 순환시켜 골고루 영양을 공급하며 노폐물을 받아들여요.

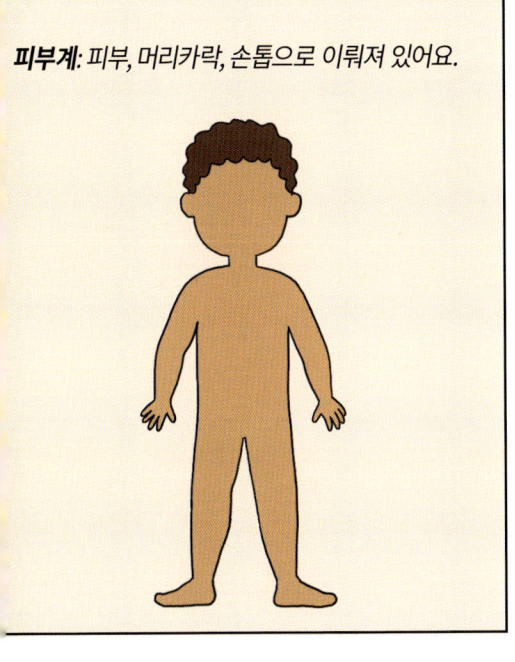

피부계: 피부, 머리카락, 손톱으로 이뤄져 있어요.

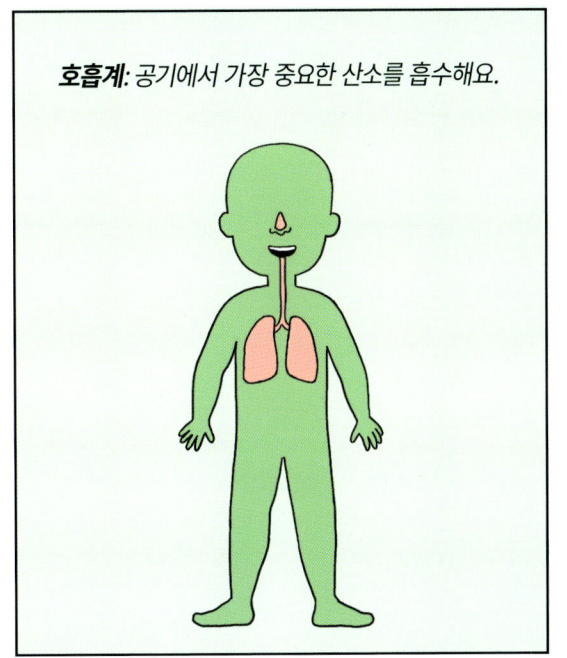

호흡계: 공기에서 가장 중요한 산소를 흡수해요.

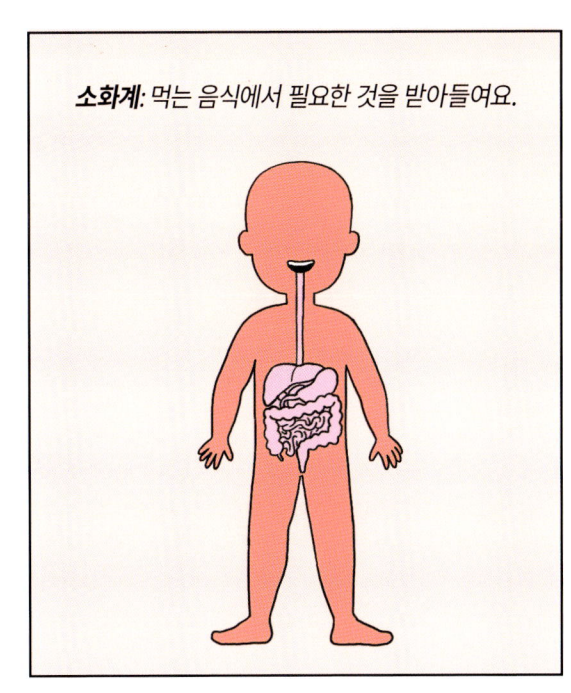

소화계: 먹는 음식에서 필요한 것을 받아들여요.

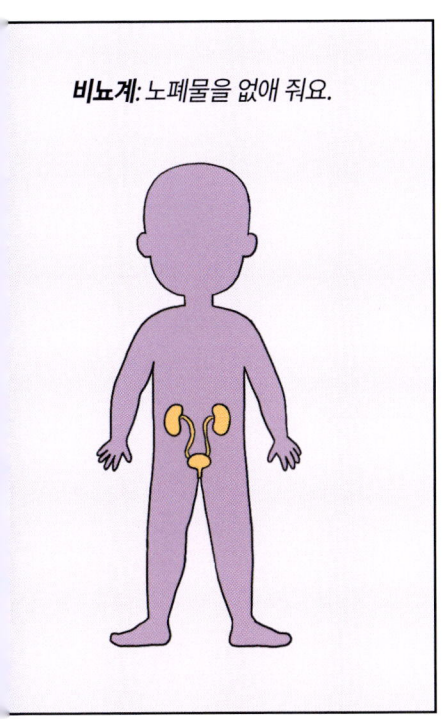

비뇨계: 노폐물을 없애 줘요.

여러분의 뛰어난 몸은 매일 매 순간 일하고 있어요. 두근두근 뛰는 심장은 피를 순환시키고, 빠른 두뇌는 생각하며, 강한 위장은 음식을 소화해요. 심장, 뇌, 위장 등의 모든 기관은 정말 놀라워요!

우리 몸은 열심히 일하는 약 79개 기관이 서로 협력해 11개 기관계를 이루고 있어요. 이 책에서는 여러분을 하루하루 특별하게 만드는 그 협동에 대해 알아볼 거예요.

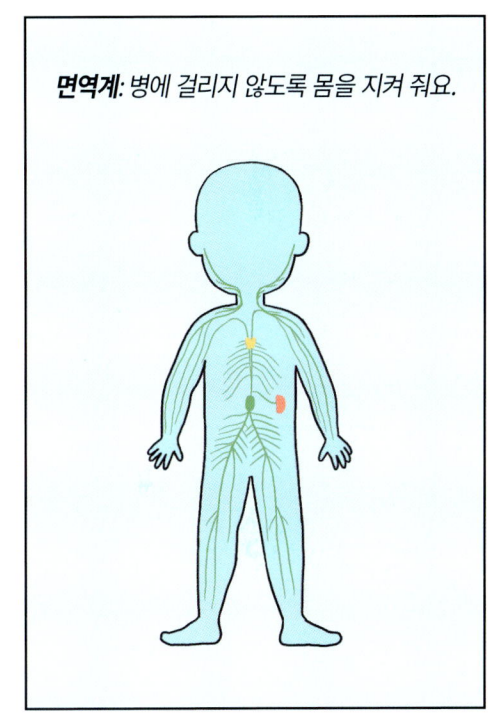

면역계: 병에 걸리지 않도록 몸을 지켜 줘요.

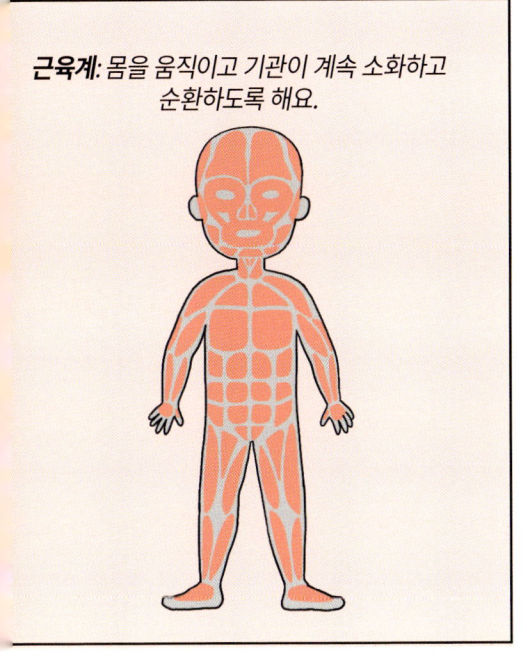

근육계: 몸을 움직이고 기관이 계속 소화하고 순환하도록 해요.

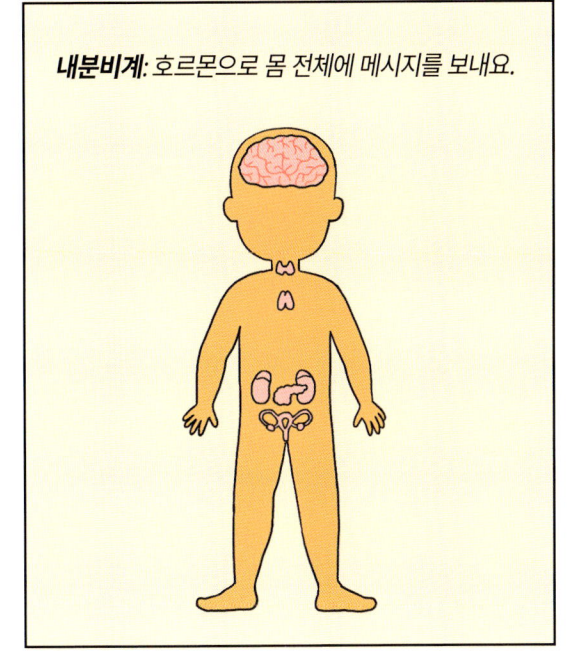

내분비계: 호르몬으로 몸 전체에 메시지를 보내요.

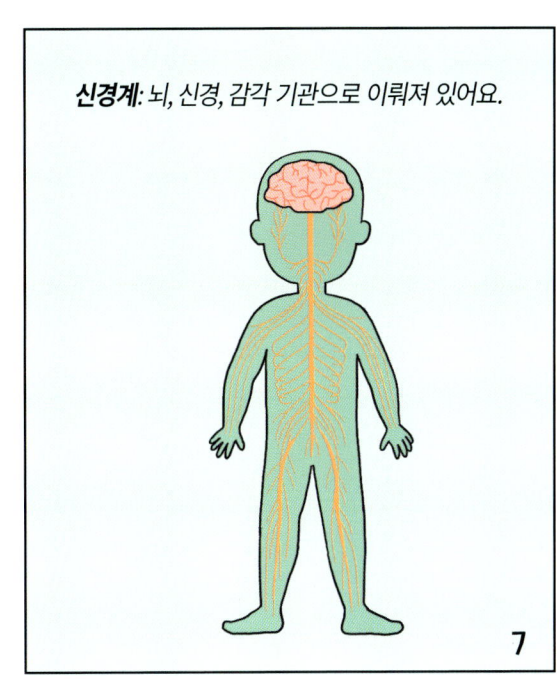

신경계: 뇌, 신경, 감각 기관으로 이뤄져 있어요.

나는 무엇으로 만들어졌을까요?

매 순간 백만 개가 넘는 세포가 죽어요! 죽은 세포는 새로운 세포로 끊임없이 바뀌어요.

벽돌로 집을 짓듯이 사람도 세포로 만들어져요. 약 30조 개의 세포로 이뤄져 있죠. 여러분의 세포는 늘 열심히 일해요. 200개가 넘는 다양한 세포는 저마다 하는 일이 따로 있어요. 뇌세포는 생각하고, 근육 세포는 움직이고, 피부 세포는 몸을 보호해요.

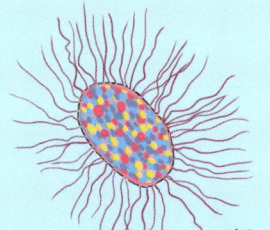

가장 작은 세포 중에는 '과립 세포'로 불리는 뇌세포가 있어요. 학습에 도움이 되는 과립 세포는 너비가 0.004밀리미터예요.

신경 세포는 뇌에서 보낸 메시지를 몸의 다른 부분으로 전달해요. 가장 긴 세포인 신경 세포는 길이가 최대 1.3미터에 달하기도 해요!

몸 만들기

1

몸에서 가장 작은 구성 요소는 세포입니다. 세포처럼 작은 것이 어떻게 한 사람을 만들까요? 답을 찾으려면, 특정 유형 세포인 위 세포를 한번 살펴봐요. 위 세포는 음식을 잘게 으깨는 액체를 만들어요.

2

비슷한 세포가 모여 '조직'이 돼요. 우리 몸에는 피부 조직, 근육 조직, 지방 조직이 있어요. 위 조직은 위벽을 만들죠.

3

다양한 조직이 모여 기관을 구성해요. 기관은 저마다 특별한 일을 해요. 위는 음식을 으깨는 일을 하죠.

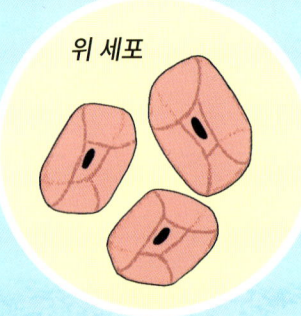

위 세포

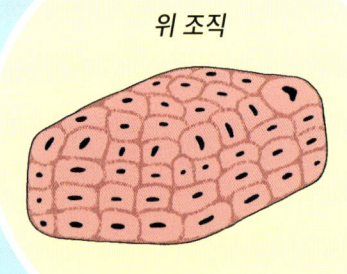

위 조직

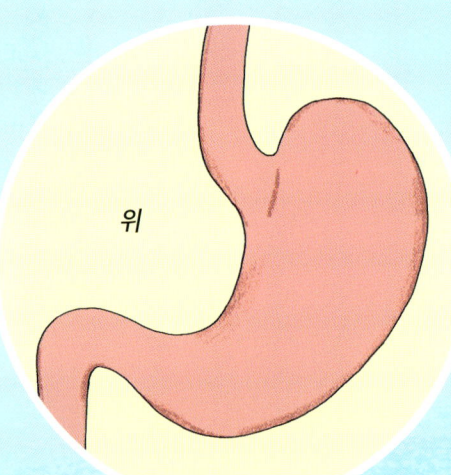

위

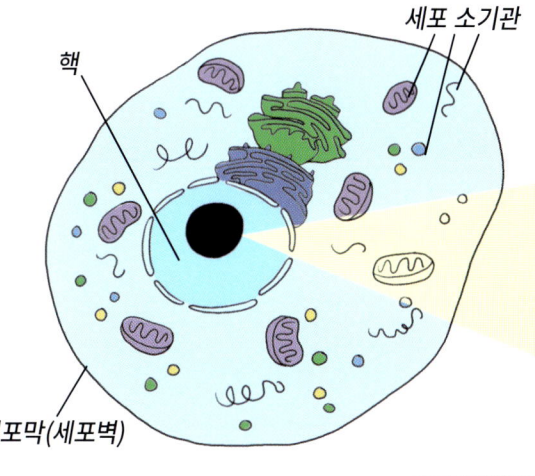
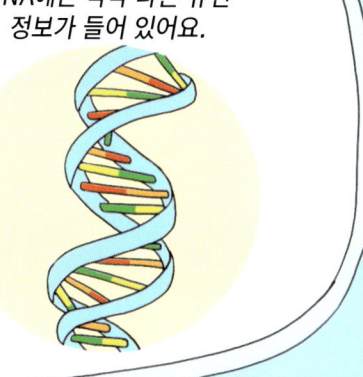

세포 안

세포 대부분은 기본 구조가 똑같아요. 세포에는 중심이 되는 핵이 각각 있어요. 핵에는 그 사람의 모든 유전 정보가 담긴 '디엔에이(DNA)'라는 물질이 있어요. 세포에는 늘 바쁘게 움직이는 '세포 소기관'도 있죠. 몇몇 세포 소기관은 몸에 필요한 물질을 만들어요. 다른 세포 소기관은 (음식에서 얻은) 영양분과 (숨 쉴 때 공기 중에서 얻은) 산소로 그러한 활동에 필요한 에너지를 만들어요.

세포 소기관

핵

세포막(세포벽)

DNA는 꼬인 긴 사다리 모양이에요. 유전자로 알려진 DNA에는 각각 다른 유전 정보가 들어 있어요.

4

비슷한 기관들이 모여 기관계를 이루어 서로 도와 복잡한 일을 해요. 위는 간, 췌장과 같은 기관과 함께 소화 기관으로 일하며 먹은 음식을 잘게 부숴 몸이 사용할 수 있게 하죠.

5

기관계 11개가 생각하고, 먹고, 웃고, 달리는 완전한 사람을 만들어요. 그게 바로 여러분이죠!

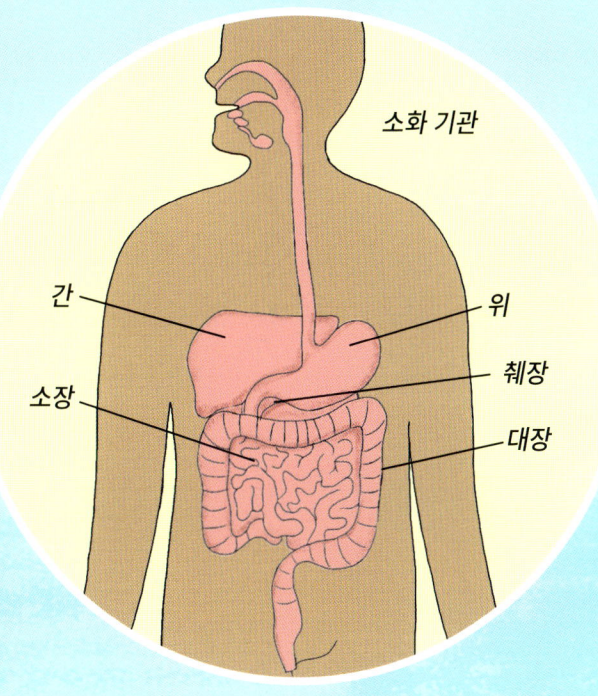

소화 기관
간 / 위 / 췌장 / 소장 / 대장

9

나는 어떻게 태어났을까요?

여러분은 하나의 난자에서 시작했어요! 그때 여러분은 너비가 약 0.12밀리미터로, 크기가 마침표만 했어요. 9개월 정도 지난 뒤에 무럭무럭 자라서 세상에 오직 하나밖에 없는 멋진 여러분이 되었답니다.

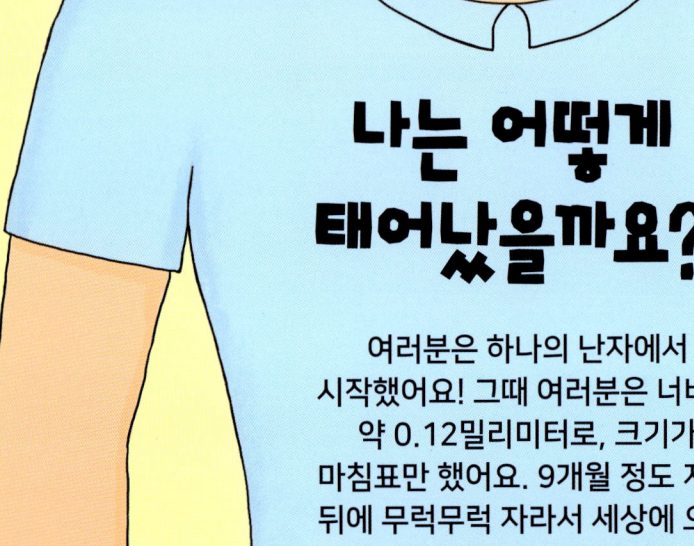

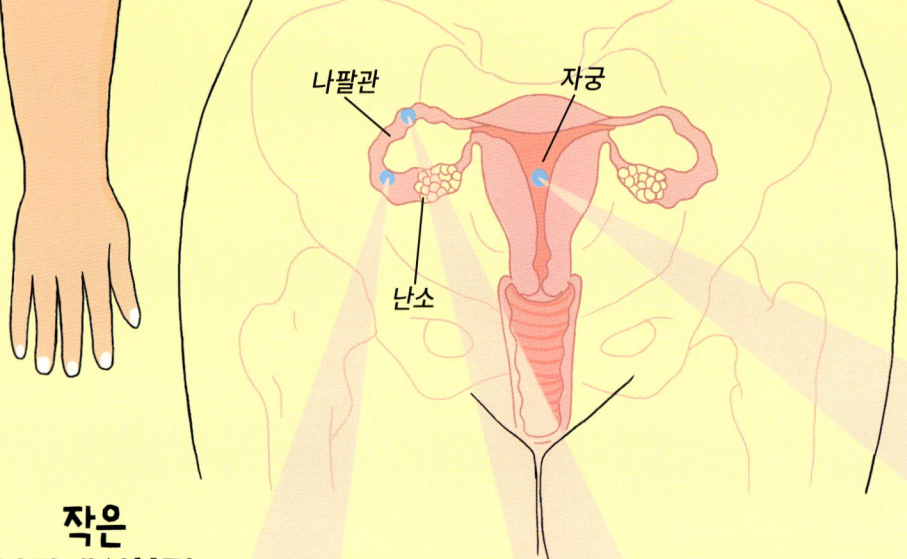

작은 난자에서부터

4

1개월: 아기는 '양수'라는 액체로 가득한 가방 모양의 주머니 안에서 자라고 있어요. 양수는 충격으로부터 태아를 보호해요. 아기의 탯줄이 발달하기 시작해요. 탯줄은 다 만들어지면 엄마한테서 아기에게 영양분과 산소를 전달합니다.

3

7일: 세포가 여러 번에 걸쳐 나뉘어 약 125개의 세포가 되어요. 안쪽 세포들은 아기가 되고, 바깥쪽 세포들은 아기를 먹이고 보호할 구조물이 되죠. 세포 덩어리는 자궁벽으로 깊숙이 파고 들어가서 영양분을 흡수해요.

1

1일: 여자의 난자가 남자의 정자와 만나면 탄생의 여정이 시작됩니다. 대부분 여자는 매달 난소에서 난자를 내보내요. 남자의 정자가 여자의 나팔관을 헤엄쳐 올라와 난자에 들어가면 난자가 수정되죠. 아기로 자랄 준비가 되었어요!

2

2일: 난자 세포는 두 개로 나뉘어요. 수정란은 나팔관을 따라 잘 늘어나는 배 모양의 자궁으로 이동합니다.

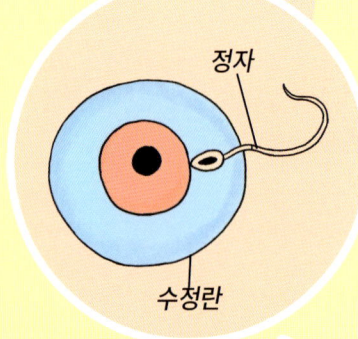

아기가 태어날 때 분홍색의 탯줄은 길이가 약 55센티미터입니다. 탄생 직후 탯줄을 안전하게 자르면 1~2주 뒤에 남은 부분이 뚝 떨어지죠!

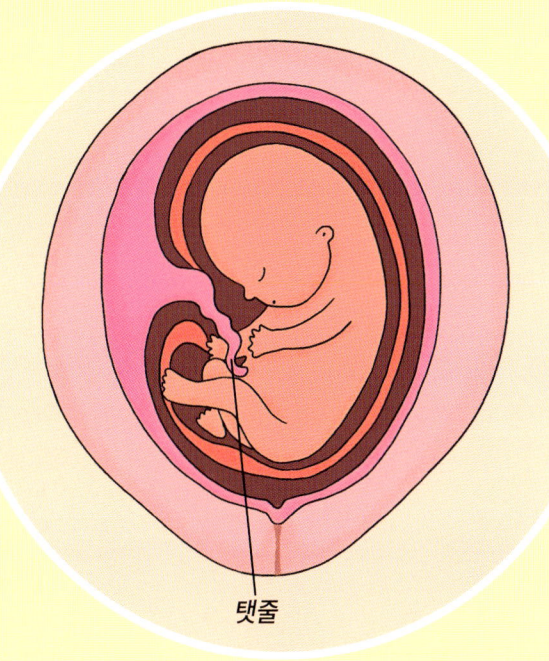

탯줄

5

3개월: 아기는 뇌에서부터 두근두근 뛰는 심장에 이르기까지 기관이 발달해요. 팔과 손가락, 다리와 발가락이 생기죠. 치아와 손톱, 발톱, 머리카락도 자라기 시작해요.

점점 더 커지는 아기

임신한 지 두 달이 지나면 아기는 산딸기만 한 크기로 자라죠. 3개월이 되면 자두만 해져요. 9개월이 되면 아기는 수박만 해진답니다!

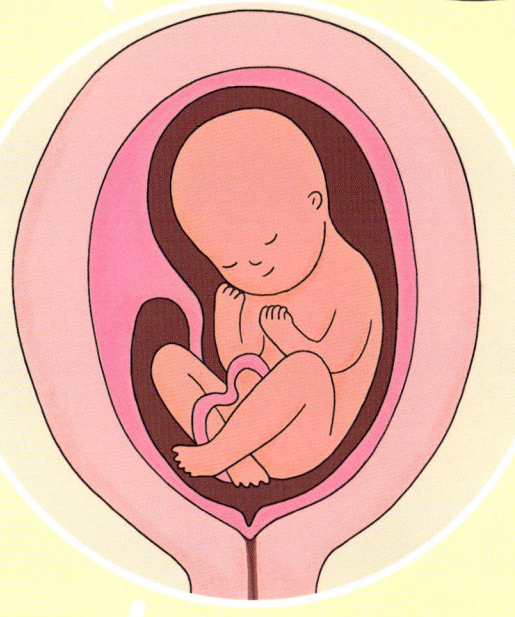

6

6개월: 아기는 큰 소리를 들으면 뛸지도 몰라요. 엄마가 빛이 밝은 쪽으로 움직이면 눈을 가리려고 몸을 비틀 수도 있어요. 뒤집고, 구르고, 발로 차고, 주먹질하죠. 가끔 너무 거칠게 움직인다고 엄마가 느낄 때도 있어요!

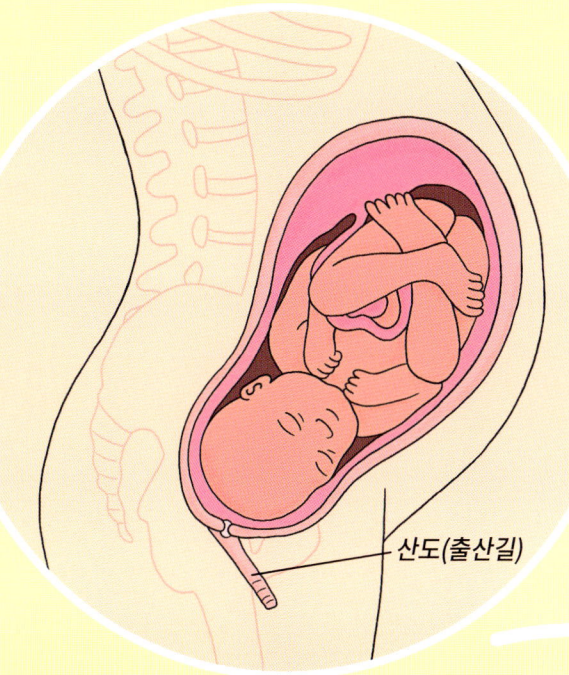

산도(출산길)

7

9개월: 아기는 태어날 준비가 되었어요! 폐는 숨을 쉴 만큼 튼튼하고, 위는 우유를 먹을 준비가 되었죠. 대부분 아기는 산도를 통해 엄마의 몸을 쉽게 빠져나갈 수 있도록 머리를 아래로 돌려요.

갓 태어난 아기는 엄마 아빠가 안고 있을 때 25센티미터 이상 떨어지면 얼굴을 잘 볼 수 없어요.

8

신생아: 갓 태어난 아기는 걷거나 말할 수 없지만, 살아가는 데 필요한 모든 기술을 갖고 있어요! 젖을 빨고 손으로 잡을 수 있거든요. 배가 고프거나 졸려서 안기고 싶으면 응애응애 울 수도 있죠.

뼈는 왜 필요할까요?

만약 여러분에게 뼈가 없다면 어떨까요? 아마 말랑말랑해서 흐물거릴 거예요! 뼈는 튼튼해요. 그래서 몸을 지탱하고 열심히 일하는 기관을 보호하는 뼈대 역할을 하죠. 뼈는 가벼워서 쉽게 달리고 뛸 수 있게 해요. 게다가 뼈는 약간 구부러져서 넘어지더라도 쉽게 부러지지 않아요.

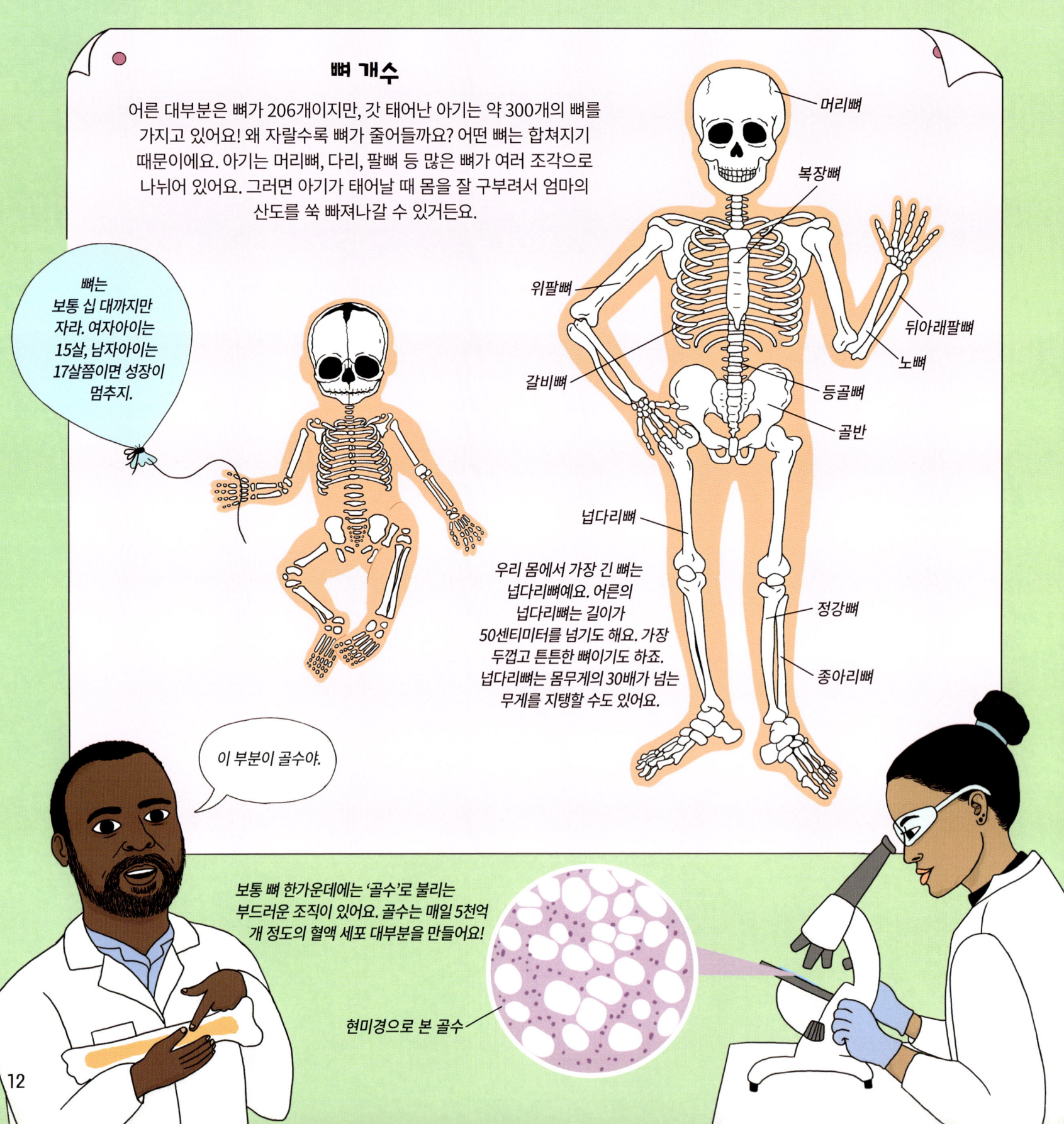

뼈 개수

어른 대부분은 뼈가 206개이지만, 갓 태어난 아기는 약 300개의 뼈를 가지고 있어요! 왜 자랄수록 뼈가 줄어들까요? 어떤 뼈는 합쳐지기 때문이에요. 아기는 머리뼈, 다리, 팔뼈 등 많은 뼈가 여러 조각으로 나뉘어 있어요. 그러면 아기가 태어날 때 몸을 잘 구부러서 엄마의 산도를 쑥 빠져나갈 수 있거든요.

뼈는 보통 십 대까지만 자라. 여자아이는 15살, 남자아이는 17살쯤이면 성장이 멈추지.

머리뼈
복장뼈
위팔뼈
뒤아래팔뼈
노뼈
갈비뼈
등골뼈
골반
넙다리뼈
정강뼈
종아리뼈

우리 몸에서 가장 긴 뼈는 넙다리뼈예요. 어른의 넙다리뼈는 길이가 50센티미터를 넘기도 해요. 가장 두껍고 튼튼한 뼈이기도 하죠. 넙다리뼈는 몸무게의 30배가 넘는 무게를 지탱할 수도 있어요.

이 부분이 골수야.

보통 뼈 한가운데에는 '골수'로 불리는 부드러운 조직이 있어요. 골수는 매일 5천억 개 정도의 혈액 세포 대부분을 만들어요!

현미경으로 본 골수

자라는 뼈

1

연골(물렁뼈)은 잘 구부러지는 물질로 귀 윗부분과 코끝에서 볼 수 있어요. 아기는 뼈보다 연골이 더 많아요. 아기가 어린이로 자라면서 '칼슘'이라는 단단한 무기질이 층층이 쌓여서 많은 연골이 뼈로 바뀌어요.

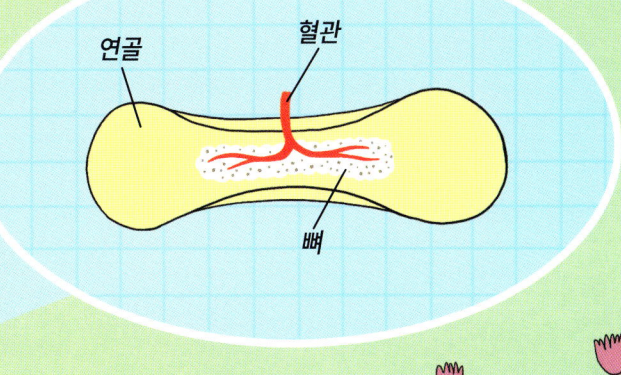

2

어린아이와 청소년은 팔과 다리뼈에 성장판이 두 개씩 있어요. 성장판은 연골이 새로 만들어지는 곳이에요. 연골이 점차 뼈로 변하면서 뼈가 길어지고 키도 커지죠!

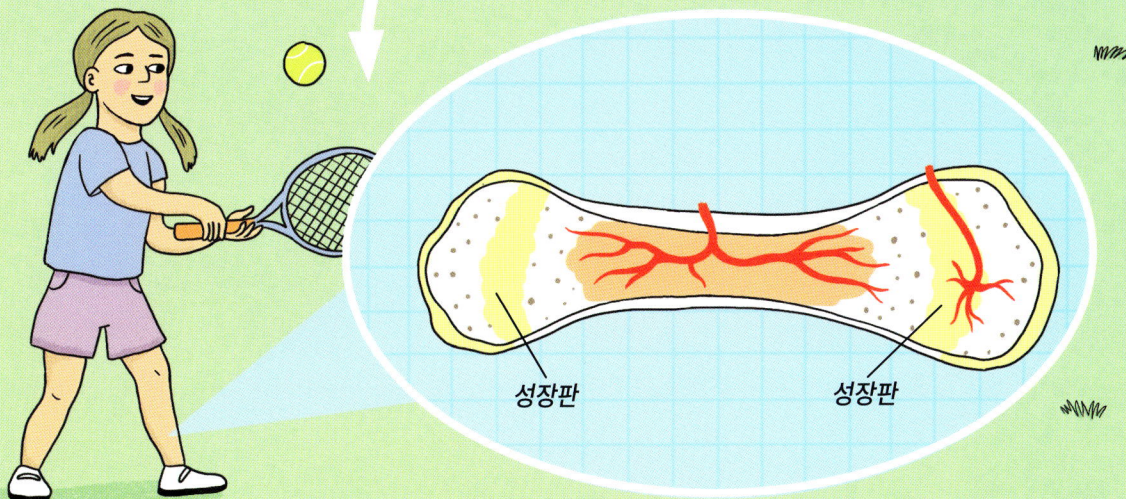

3

어른은 뼈의 성장판이 닫혀 더는 자랄 수 없어요. 치밀뼈로 불리는 바깥쪽 뼈는 뼈 층판이 빽빽하게 밀집되어 단단해요. 하지만 안쪽 뼈는 구멍이 송송 뚫린 스펀지처럼 생겨서 더 가볍고 잘 구부러져요. 뼈가 서로 만나는 관절(뼈마디)에는 연골이 덮여 있어 뼈 사이의 마찰을 막아요.

몸은 어떻게 움직이는 걸까요?

머리 위로 팔을 흔들면, 뇌가 팔과 어깨 근육에 메시지를 보내서 팔뼈를 잡아당겨요. 우리 몸에는 골격근이 약 650개 있어서 몸을 흔들고, 움직이고, 걸을 수 있어요. 그중 몇 개를 자세히 살펴볼까요?

밀지 말고, 당겨요!

골격근은 가늘고 긴 근육 세포 덩어리예요. 골격근 대부분은 밧줄 같은 힘줄로 뼈에 연결되어 있어요. 뇌가 움직이라는 명령을 근육에 보내면 근육 세포가 팽팽해져서 짧아져요. 그러면 근육이 힘줄을 당기고 힘줄이 뼈를 잡아당겨 뼈가 움직이죠.

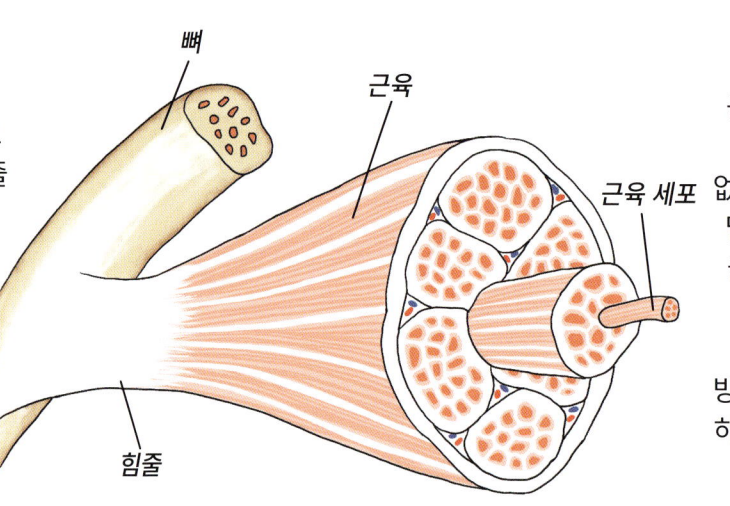

근육은 짧아질 수만 있고, 늘어날 수는 없어요. 말하자면 뼈를 밀지 못해요. 그래서 골격근 대부분은 한 쌍으로 움직여요. 하나가 뼈를 한 방향으로 당기면, 다른 하나는 반대 방향으로 뼈를 당겨요.

구부리고 쭉 펴기

1

이두근과 삼두근은 한 쌍으로 움직여서 팔을 구부리고 쭉 펼 수 있어요. 팔을 한번 구부려 봐요. 이두근이 아래팔의 노뼈를 팽팽하게 당겨요. 한 손을 위쪽 팔에 얹으면 이두근이 조여지며 약간 불룩하게 튀어 오르는 것을 느낄 수 있어요.

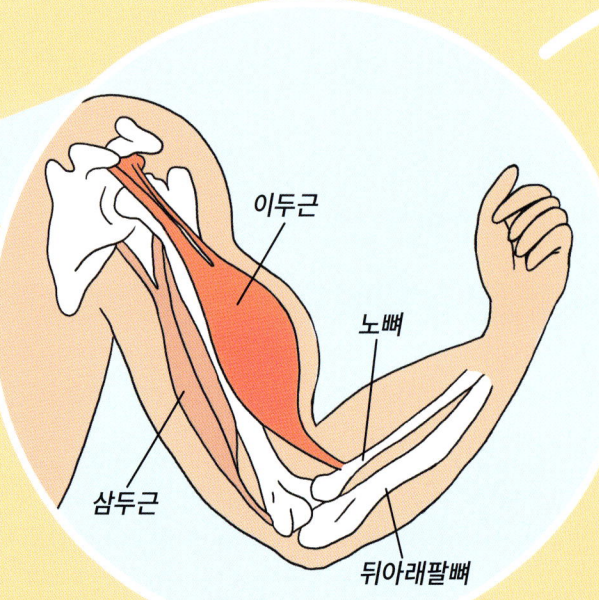

웃을 때 움직이는 근육

골격근 대부분은 뼈를 잡아당기지만, 약 40개의 근육은 눈과 코와 입 주위의 피부와 연결되어 있어요. 이들 근육이 얼굴을 당겨서 웃고 찌푸리게 하죠! 입꼬리를 올려서 웃으려면 근육이 5쌍, 즉 10개가 필요해요. 그런데 웃을 때 눈을 찡긋하며 이마에 주름을 잡으면 최대 40개의 근육을 쓴답니다.

얼굴 근육은 한 쌍으로 움직여서 다양한 표정을 짓게 해요.

혀에는 골격근이 8개 있어요. 다른 골격근과 달리 양쪽 끝이 뼈에 연결되어 있지 않아요. 혀 근육은 앞뒤, 위아래, 왼쪽에서 오른쪽으로 이어져 있어 말하고 씹고 삼키도록 자유로이 움직일 수 있어요.

2

이제 팔을 쭉 펴 봐요. 이두근은 원래 상태로 풀어지지만, 삼두근이 팽팽해지면서 팔꿈치 관절을 잡아당겨 팔이 쭉 펴지죠.

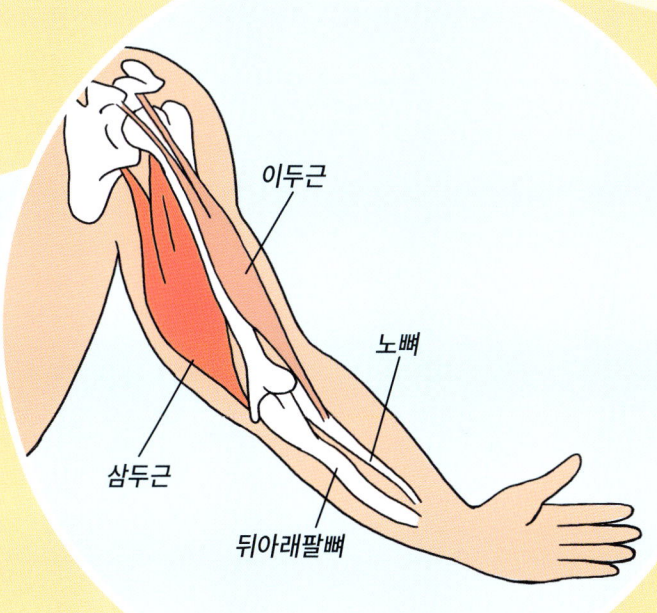

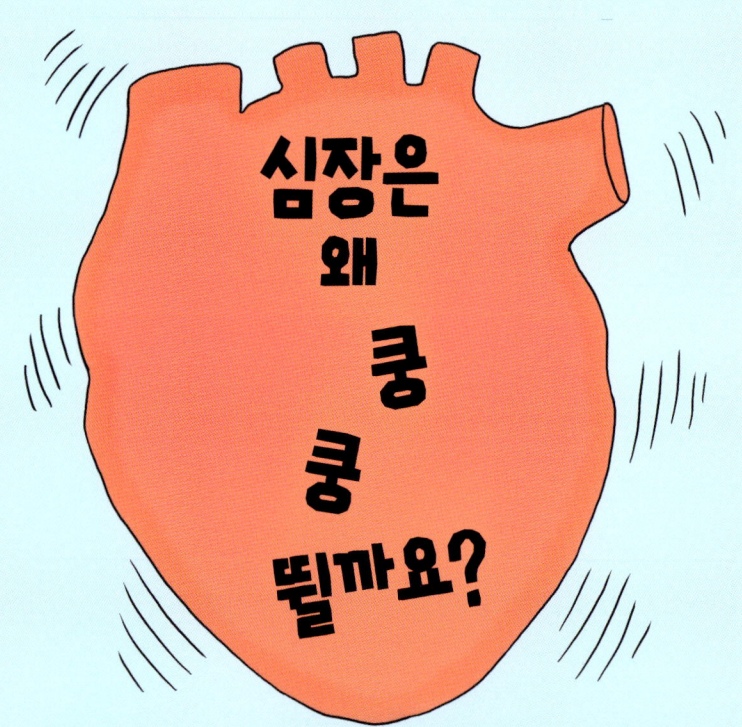

심장은 왜 쿵 쿵 뛸까요?

한 손을 왼쪽 가슴에 대고 살짝 눌러 봐요. 심장이 뛰는 게 느껴지나요? 심장은 아주 튼튼한 근육으로 만들어진 기관이에요. 크기가 주먹만 하죠. 심장은 다른 근육과 달리 절대로 지치지 않아요. 심장은 여러분이 계속 살아 있도록 온몸에 피가 돌게 평생 쉬지 않고 일해요. 심장이 뛸 때 무슨 일이 일어나는지 알아볼까요?

심장 구조

심장은 얇은 근육 벽으로 좌우가 나뉘어 있어요. 양쪽에는 심방으로 불리는 위쪽 방과 심실로 불리는 아래쪽 방이 각각 있어요.

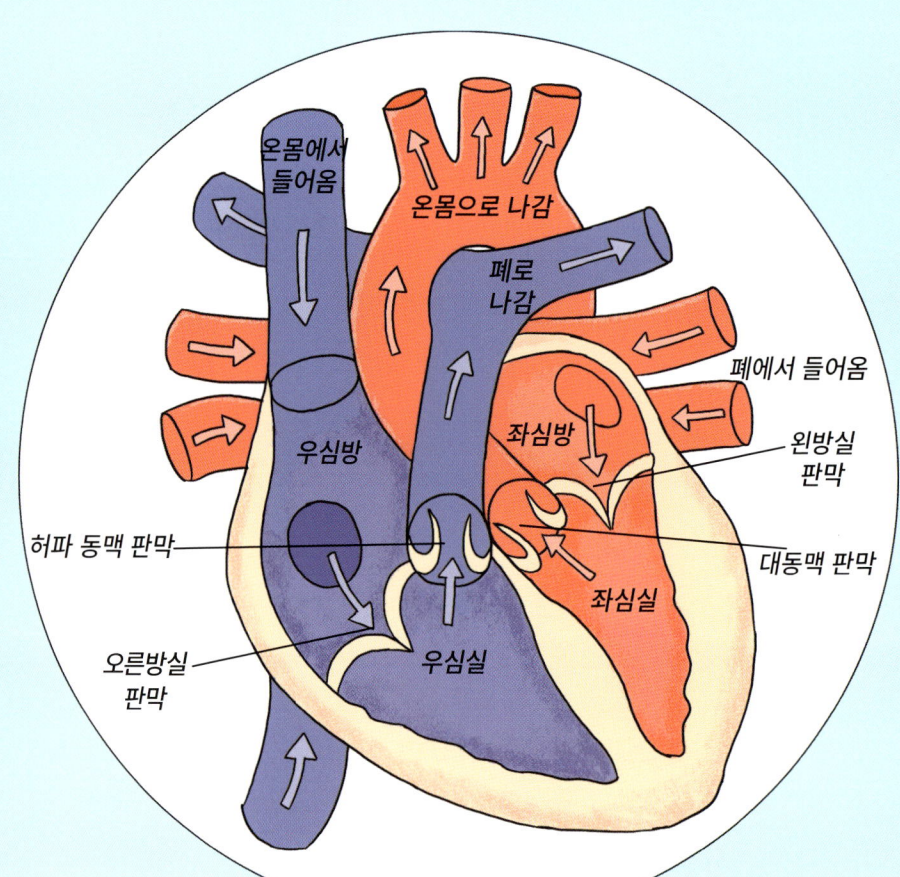

'쿵쿵' 소리는 의사가 환자의 가슴에 청진기를 대면 들리는 소리입니다.

심장이 뛰는 게 느껴져.

1
온몸을 돌아다녀서 산소가 줄어든 혈액은 우심방으로 흘러 들어가요. 동시에 산소가 풍부한 혈액이 폐에서 좌심방으로 들어오죠.

심장 근육은 혈액을 온몸에 보내려고 수축하고(오그라들고) 이완해요. 심장은 하루에 약 10만 번 쿵쿵 뛰어요!

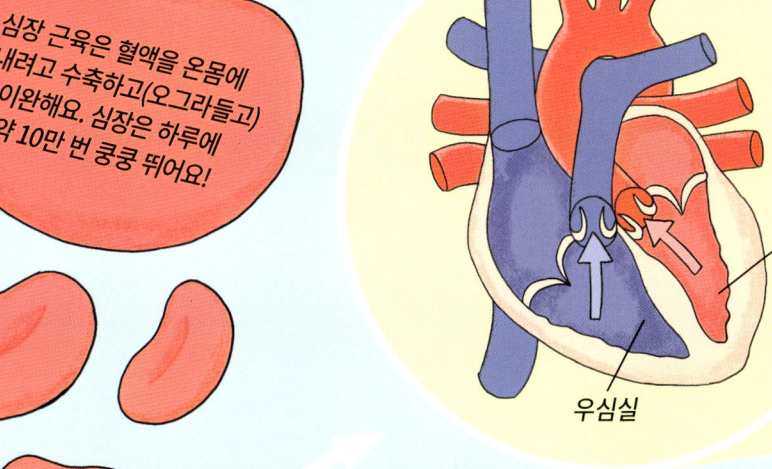

좌심실

우심실

보통 심장은 1분에 70~100회 정도로 매우 안정적으로 뛰고 있어요. 운동할 때 바쁜 근육에 산소가 더 풍부한 혈액을 공급하려고 심장이 더 빠르게 뛰죠.

3

우심실은 혈액을 폐로 보내 들이마신 공기에서 신선한 산소를 흡수해요. 좌심실은 혈액을 온몸으로 내보내서 산소를 공급하죠.

4

그러면 모든 것이 다시 시작돼요!

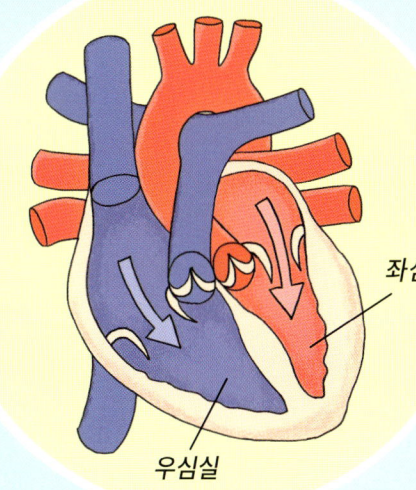

좌심실

우심실

2

우심방은 우심실로 혈액을 흘러보내고, 좌심방은 좌심실로 혈액을 보내죠.

혈관은 온몸에 혈액을 전달해요. 동맥은 산소가 풍부한 혈액을 심장에서 온몸으로 전달하는 혈관이에요. 정맥은 산소가 부족한 혈액을 온몸에서 심장으로 다시 보내는 혈관이죠.

간단한 해결 방법

혈액은 심장과 온몸에서 한 방향으로 흘러요. 일방통행이죠! 그런데 어떻게 올바른 방향으로 흘러갈까요? 바로 튼튼하고 얇은 덮개인 판막 덕분이에요.

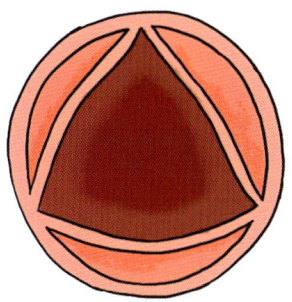

열린 판막   닫힌 판막

심장에 있는 네 판막은 마치 문처럼 움직여서 심장이 뛸 때마다 열리고 닫혀요. 판막은 혈액이 들어오도록 열리고, 다시 흘러 나가지 못하도록 재빨리 닫혀요. 판막이 닫히면서 '쿵쿵'거리는 심장이 뛰는 소리가 나죠.

숨 쉴 때 무슨 일이 일어날까요?

여러분은 매일 약 2만 2천 번 숨을 들이쉬고 내쉬고 있어요! 숨을 들이쉬면 폐에 산소를 포함한 공기가 가득해져요. 우리 몸은 세포가 일하는데 쓰는 에너지를 얻기 위해 산소가 필요해요. 숨을 내쉴 때는 필요하지 않은 이산화탄소를 내보내죠.

들이쉬고 내쉬기

1

숨을 들이쉬면 횡격막이란 커다란 근육이 꽉 조여져요. 횡격막이 평평해지면 가슴에 폐를 위한 공간이 더 많이 생기죠. 폐가 팽창하면 더 넓어진 공간을 채우려고 코나 입으로 공기가 밀려 들어와요. 대부분 이 모든 과정은 눈 깜짝할 사이 그냥 일어나죠!

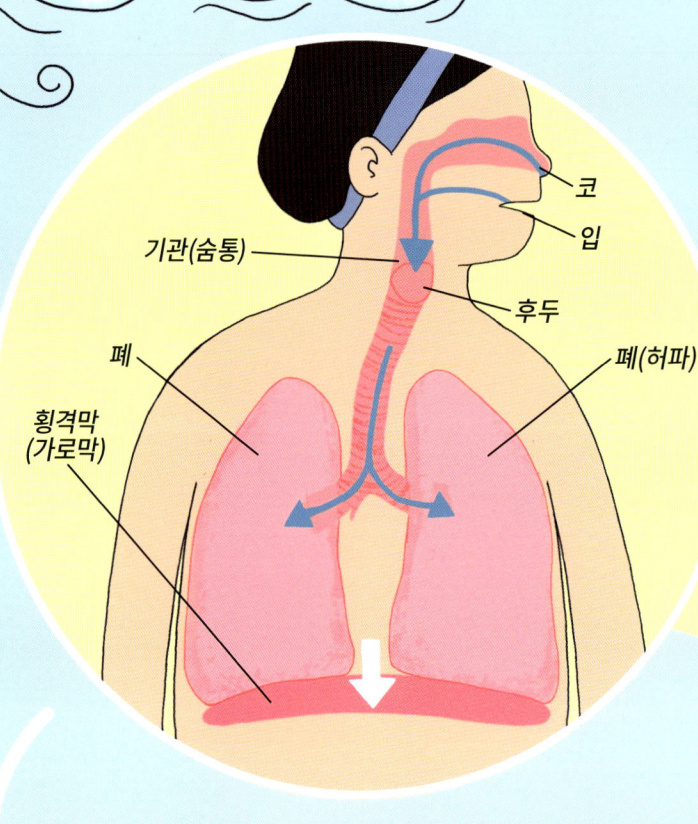

2

공기는 목구멍을 따라 기관으로 내려와요. 기관은 둘로 나뉘며 왼쪽과 오른쪽에 기관지를 만들며 양쪽 폐로 이동해요. 나뭇가지처럼 더 작은 갈래로 나누어진 기관지는 '세기관지'라고 불러요. 끝에는 풍선처럼 생긴 허파꽈리가 모여 있어요.

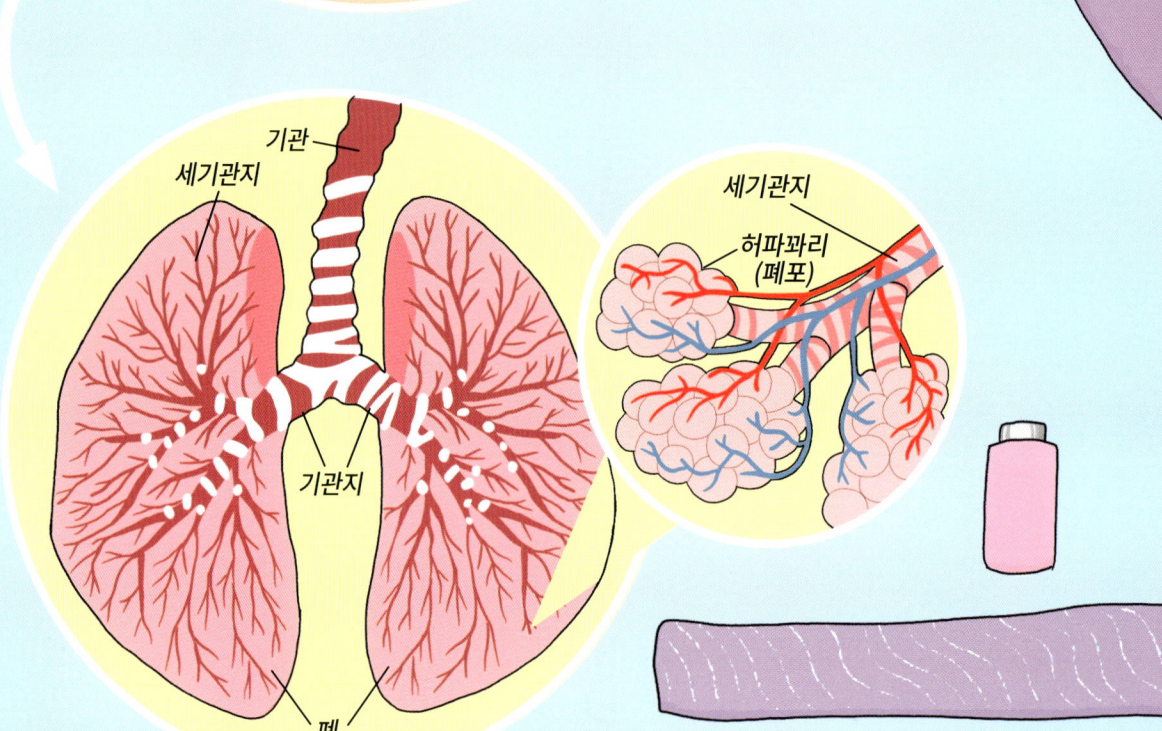

폐에는 4억 5천만 개가 넘는 허파꽈리가 있어요. 허파꽈리의 너비는 각각 약 0.2밀리미터입니다.

피는 왜 빨간색일까요?

여러분의 피(혈액)가 빨간색인 이유는 적혈구가 30조 개나 들어 있기 때문이에요. 적혈구는 헤모글로빈이란 물질 때문에 빨간색을 띠죠. 헤모글로빈은 산소를 운반하는 놀라운 능력을 지니고 있어요. 적혈구는 헤모글로빈 덕분에 작은 택시 같아요! 적혈구가 폐에서 산소 손님을 태우고 온몸을 돌아다니거든요.

작은 택시

1
적혈구는 폐를 지나가며 산소 손님을 태워요! 산소는 적혈구의 헤모글로빈에 붙어 있어요. 이제 적혈구는 산소가 필요한 곳이면 어디든 데려다줄 준비가 되었어요!

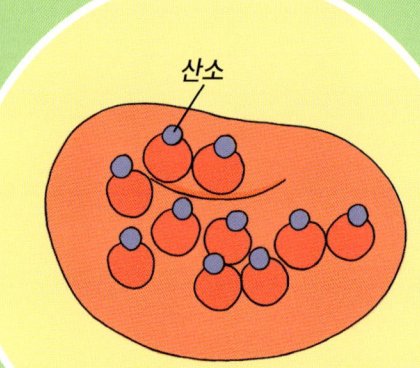

2
산소를 실은 적혈구는 몸의 동맥을 따라 이동해요. 혈액이 쌩쌩 지나가는 동맥은 산소로 가득한 혈액을 발가락에서 머리끝까지 온몸으로 전달해요!

혈액 안에 무엇이 있나요?

혈액에는 적혈구만 있는 게 아니에요. 백혈구와 혈소판, 음식에서 얻은 영양분과 온몸에서 나온 노폐물도 들어 있어요. 이 모든 물질은 '혈장'이라는 노란 액체에서 떠다녀요. 백혈구는 우리 몸이 병균과 싸우도록 도와줘요. 혈소판은 우리가 다치면 상처가 아물도록 서로 뭉쳐서 딱지를 만들어요.

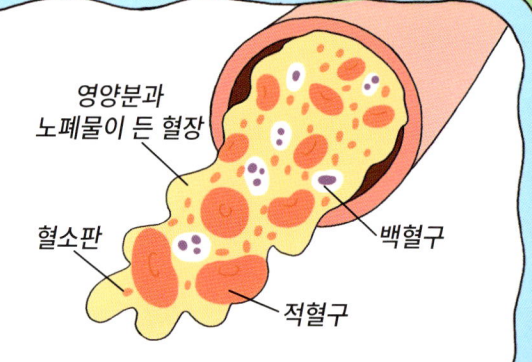

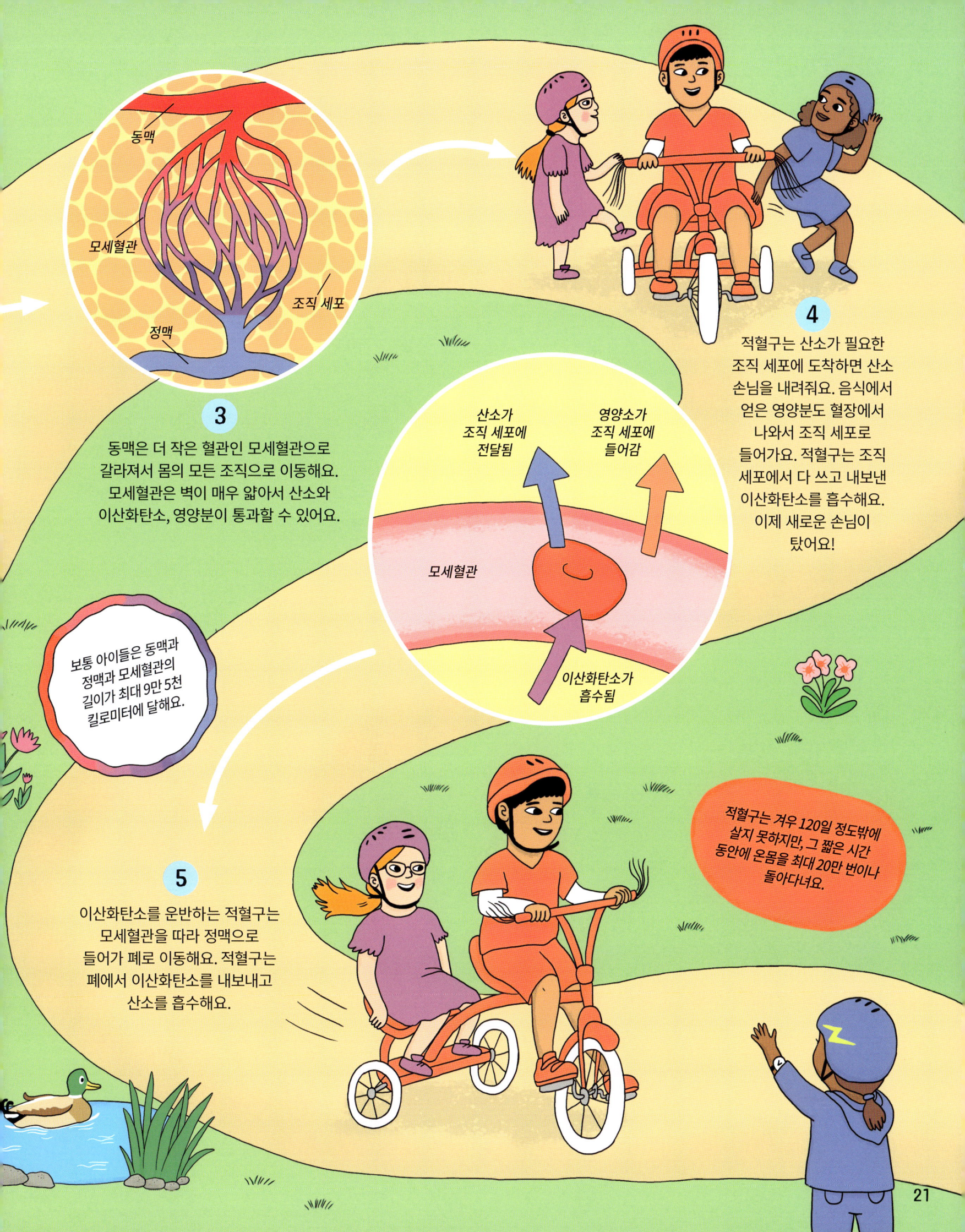

피부는 어디에 쓰이나요?

우리 몸에서 가장 무거운 기관이 뭘까요? 명령을 내리는 뇌일까요? 아니면 쿵쿵 뛰는 심장일까요? 사실은 피부예요. 어른의 피부는 무게가 4킬로그램이 넘어요. 고양이 평균 무게와 같죠! 피부는 우리를 아프게 하는 더러운 병균이 몸에 들어오지 못하게 막아 줘요. 또한, 너무 덥거나, 춥거나, 젖거나, 메마르지 않도록 보호해요.

땀 식히기

1 너무 더울 때 몸을 식혀 주는 것이 피부예요! 먼저 뇌는 피부에 있는 수백만 개의 땀샘에 땀을 내라고 전해요.

우리 몸의 기관은 체온이 섭씨 36.1~37.5도에서 가장 잘 움직여.

2 땀은 나선 모양 관을 따라 올라와서 작은 땀구멍을 통해 피부 표면으로 흘러나와요. 땀은 대부분이 물이지만 몸에 필요 없는 소금도 들어 있어요. 그래서 짠맛이 나죠!

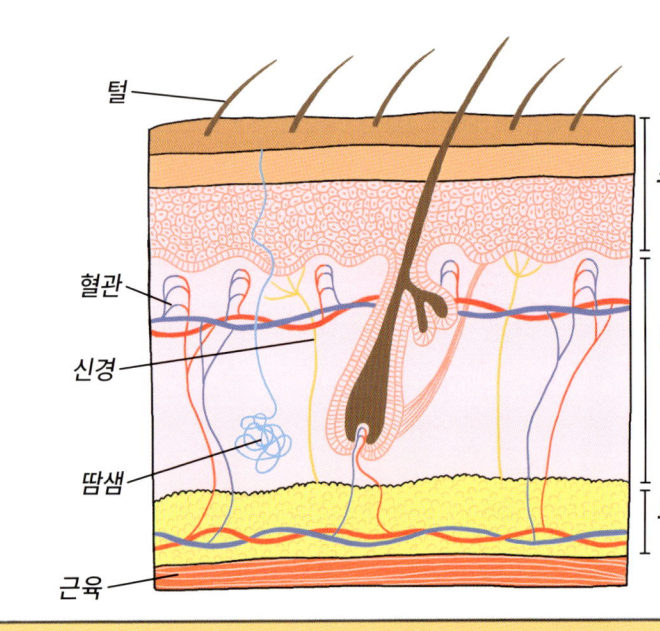

피부층

피부는 세 층으로 나뉘며 층마다 중요한 일을 해요.

표피: 물을 막아 주는 피부의 가장 바깥층이에요. 표피는 내부로 물이 침투하는 것을 막고 건조해지지 않도록 해 줘요.

진피: 잘 늘어나는 중간층이에요. 진피는 움직일 때 피부가 찢어지지 않게 도와요. 표피와 함께 진피에는 몸에 닿는 것을 느끼게 하는 신경이 많이 있어요.

피하 조직: 담요처럼 몸을 따뜻하게 하는 바닥층이에요. 피하 조직에는 필요할 때까지 에너지를 저장하는 지방 세포가 들어 있어요.

털은 어떻게 자라나요?

쭉쭉 자라다가 멈춰요!

1

털은 '케라틴'이란 단단한 물질이 든 세포로 만들어졌어요. 털이 자랄 때 털 밑의 케라틴 세포가 새로운 세포를 만들어요. 그 세포가 오래된 세포를 위로 밀어 올려서 털이 길어지는 거예요. 털은 '모낭'으로 불리는 피부 깊은 곳에서 각각 자라죠. 모낭 밑의 혈관은 새로운 세포를 만드는 데 필요한 에너지를 케라틴 세포에 공급해요.

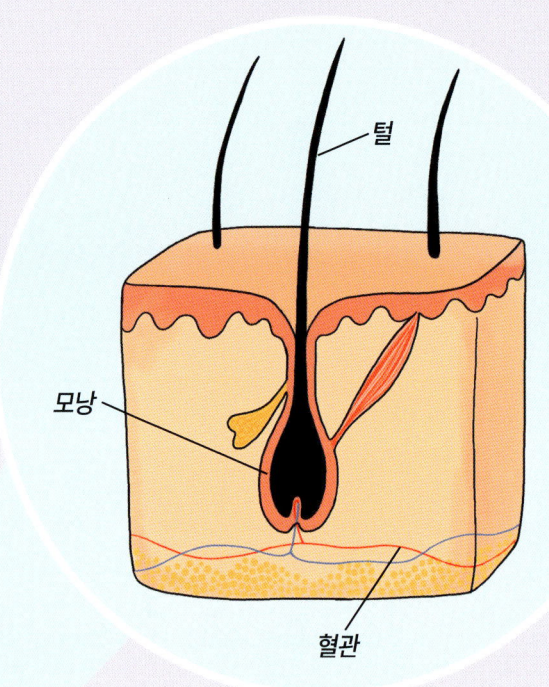

털은 검정, 갈색, 빨강이나 금발 또는 곱슬이나 웨이브가 있거나 곧게 자랄 수 있어요. 어떤 모습이든 단지 멋있어 보이기만 하는 건 아니에요! 머리털은 더위와 추위로부터 뇌를 보호해요. 속눈썹, 눈썹, 코털과 귀털은 원치 않는 곳으로 먼지가 몰래 들어오지 못하게 막아 주죠. 털은 우리 몸을 도와주려고 나는 거예요!

털 색깔이 다른 이유

털 색깔은 모낭에 있는 특별한 색깔 세포에 따라 달라져요. 이 세포는 색깔을 정하는 물질인 '색소'를 만들어요.

검정과 갈색 색소가 많으면 검정 털이 만들어져요.

그 색소가 적으면 갈색 털이 만들어지죠.

훨씬 더 줄어들면 금발이 되고요.

노랑과 붉은 색소가 많으면 빨간 털이 됩니다.

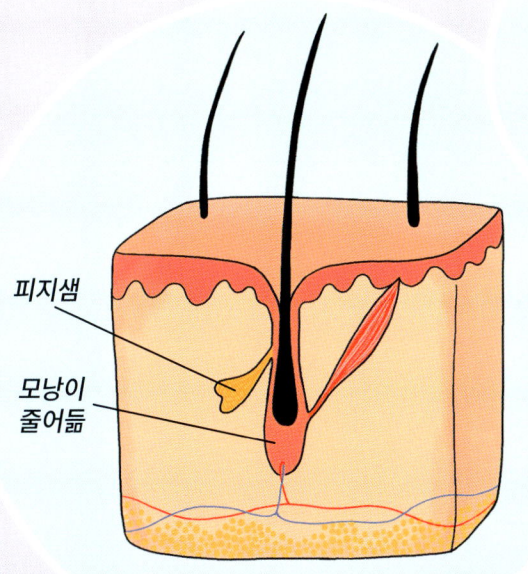

모낭마다 털과 피부를 매끄럽게 하는 기름을 만드는 피지샘이 있어요.

피지샘
모낭이 줄어듦

3

새로 난 털이 오래된 털을 밀어내고 모낭에서 자라기 시작해요. 매일 50~100개의 머리털이 두피에서 자라고 빠져요!

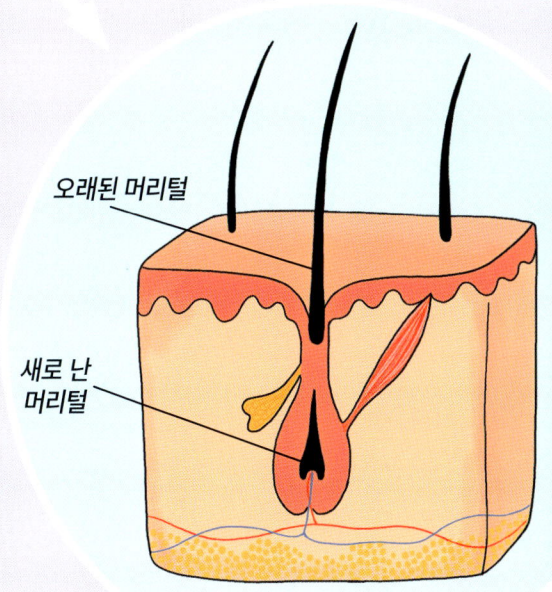

오래된 머리털
새로 난 머리털

2

털은 계속 자라지 않아요! 두피에 나는 머리털은 약 5년 뒤에 성장을 멈춰요. 몸에 나는 털은 겨우 몇 주 동안만 자라므로 훨씬 짧아요. 털이 더는 자라지 않으면 모낭이 줄어들어요. 그러면 털이 에너지를 공급하는 혈관에서 떨어져 더는 자라지 않고 빠지죠.

둥근 모낭에서는 머리카락이 곧게 자라고, 타원형 모낭에서는 물결 모양이나 곱슬머리로 자라요.

훌륭해요!

피부, 머리털, 손톱에는 모두 케라틴이 들어 있어요. 손톱은 케라틴이 더 두꺼우면 아주 단단해져요. 손끝과 발끝을 보호하는 아주 훌륭한 방법이죠. 케라틴은 동물의 비늘, 발톱, 부리, 발굽에서도 볼 수 있어요.

머리카락은 한 달에 1센티미터 정도 자랍니다. 손톱은 훨씬 천천히 자라서 한 달에 약 0.3센티미터씩 자라죠.

보통 사람은 두피에서 머리카락이 약 10만 개 자랍니다. 몸의 다른 부분에서는 털이 500만 개까지 나지만, 대부분은 너무 짧고 가늘어서 거의 눈에 띄지 않아요.

뇌는 무슨 일을 할까요?

우리 뇌는 몸을 몽땅 책임지고 있어요! 뇌는 몸에서 일어나는 일을 모두 쭉 지켜보고 있답니다. 몸 안팎에서 무슨 일이 일어나는지에 관한 메시지를 받아서 다음에 어떻게 해야 하는지 명령을 보내죠. 뇌가 하는 일은 이뿐만이 아니에요! 생각하고, 기억하고, 느끼고, 세상을 이해하게 해 줘요. 바로 뇌가 여러분을 만드는 거예요.

뇌 구조

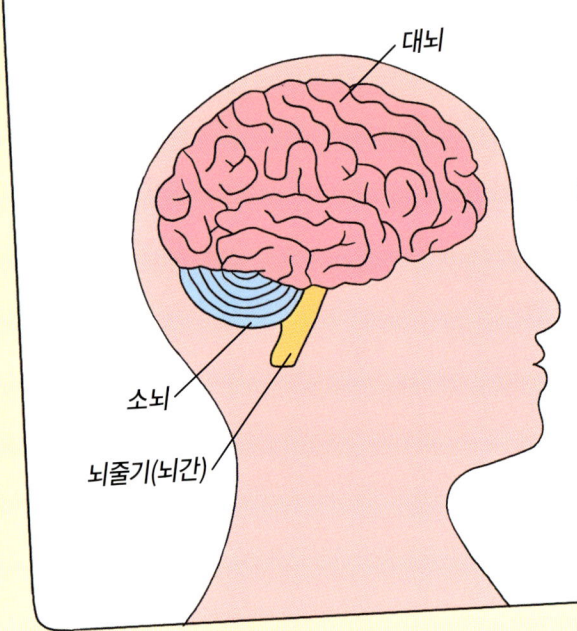

뇌는 대뇌, 소뇌, 뇌줄기 세 부분으로 나뉘어요. 대뇌의 바깥층은 생각하는 곳이에요. 소뇌는 균형을 돕고, 뇌줄기는 계속해서 심장이 뛰고 폐가 호흡하도록 해 주죠.

신경계

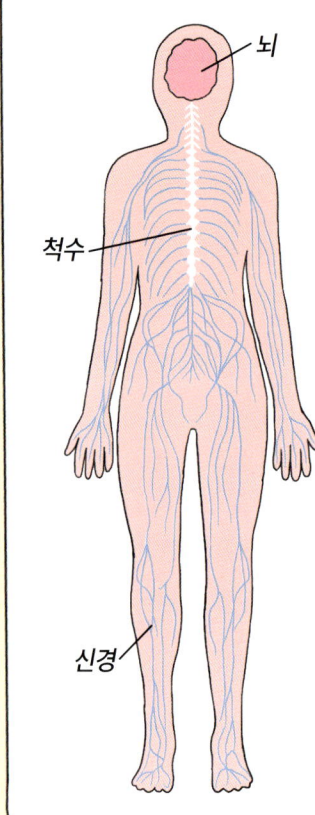

뇌와 몸 사이를 오가는 메시지는 '신경계'라는 신경망을 따라 이동해요. 신경은 흔히 '뉴런'이라고 하는 신경 세포 뭉치예요. 메시지는 작은 전기 신호로 최대 초당 75미터의 속도로 뉴런을 따라 이동해요! 뇌는 감각 기관과 다른 기관에서 메시지를 받은 뒤에 다시 메시지를 보냅니다.

메시지 전달 과정

피부에는 신경종말이 수백만 개 들어 있어요. 신경종말은 아주 민감해서 만지는 것을 느낄 수 있어요. 손가락으로 고양이를 만지면 신경종말이 부드러움과 따뜻함을 느껴요.

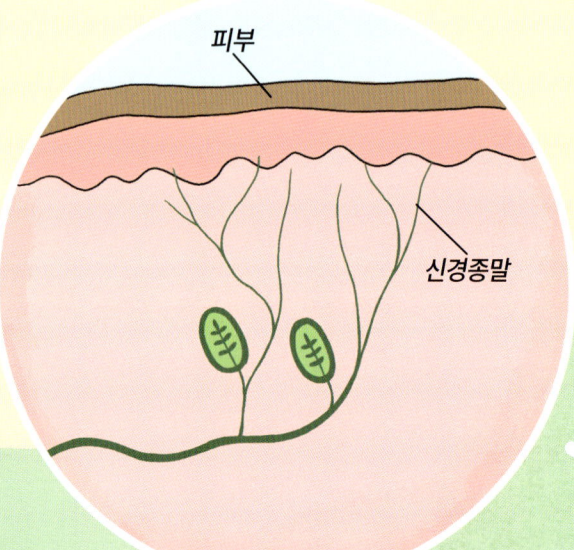

잘 때 무슨 일이 벌어지나요?

뇌와 몸은 자는 동안에 쉬면서 새로운 하루를 준비해요. 하지만 그게 다가 아니에요. 뇌는 이상한 일로도 바빠요. 그래서 꿈을 꾸죠. 기억하든 못하든 간에 매일 밤 꿈을 꿔요. 꿈은 엉뚱하거나 가끔 무서울지도 모르지만, 중요한 목적이 있어요!

왜 꿈을 꿀까요?

여러분은 특별한 형태의 잠인 렘(REM, 빠른 눈 운동)수면 동안에 꿈을 꿔요. 렘수면 동안에는 눈꺼풀 밑에서 눈이 좌우로 빠르게 움직여요. 매일 밤 3~5번의 렘수면에 빠지는데, 매번 한 시간까지 계속되죠. 이 시간 동안에 뇌는 그날 배우고 느낀 것을 살피며 앞으로 필요한 것을 저장해요. 그러면 생각이 뒤죽박죽 섞여서 꿈을 꾸는 거죠!

좋은 밤을 보내는 잠

1

해가 지면 눈에서 뇌로 신호를 보내서 어두워진다고 알려 줘요. 뇌는 솔방울샘으로 신호를 보내서 '멜라토닌'이란 호르몬을 만들어요. 호르몬은 혈액으로 몸에 메시지를 전달하는 화학 물질이에요. 멜라토닌은 졸리게 해요.

솔방울샘
(송과체)

2

잠들면 뇌가 일부 활동을 멈춰서 주변에서 무슨 일이 벌어지는지 더는 알지 못해요. 근육이 긴장을 풀고, 심장 박동과 호흡이 느려지죠.

어떻게 사물을 보는 걸까요?

여러분은 아주 놀라운 눈 덕분에 이 책을 읽을 수 있어요! 눈은 빛을 느낄 수 있는 하나밖에 없는 기관입니다. 여러분은 눈이 움직임과 색깔을 느껴 알기 때문에 주변의 멋진 세상을 즐길 수 있죠. 바로 지금도 눈이 뇌에 신호를 보내서 이 글을 읽을 수 있는 거랍니다!

빛 보기

1 꽃과 같은 물체에 빛을 비추면 빛이 물체에 반사되어 눈으로 들어옵니다.

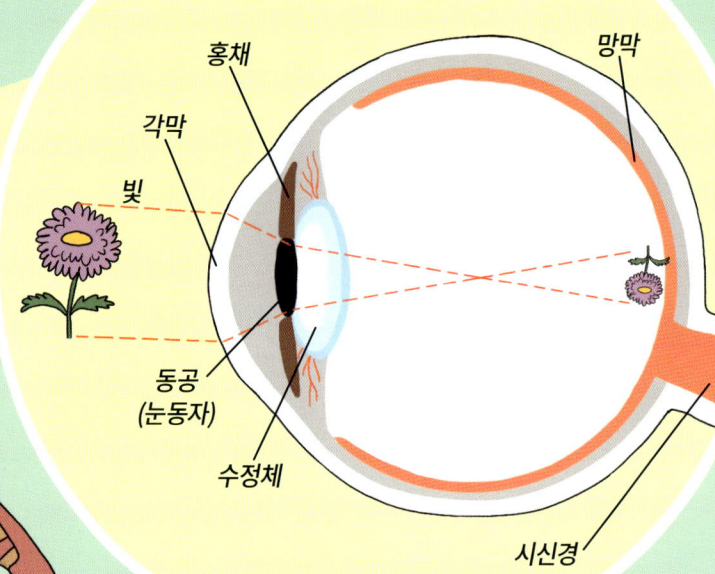

2 빛은 눈을 투명하게 덮고 있는 각막을 통과해서 '동공'으로 알려진 구멍으로 들어가 수정체를 지나죠. 볼록 렌즈 모양의 수정체에서 빛이 휘어 꺾여 눈 뒤쪽에 또렷한 상(물체의 모양)이 맺혀요. 빛이 너무 많이 휘어져서 상이 거꾸로 뒤집혀 있네요!

열었다 닫는 홍채

동공 주위에 있는 색깔 있는 고리를 '홍채'라고 해요. 밝은 빛에서는 홍채가 눈동자를 어느 정도 덮어서 너무 많은 빛을 막아 눈부시지 않도록 해 줘요. 희미한 빛에서는 홍채가 다 열려서 눈이 가능한 한 많은 빛을 받아들여요.

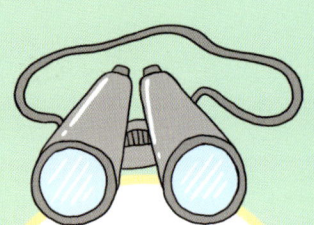

사람은 평균적으로 매일 1만 4천 번에서 1만 9천 번 눈을 깜박여요.

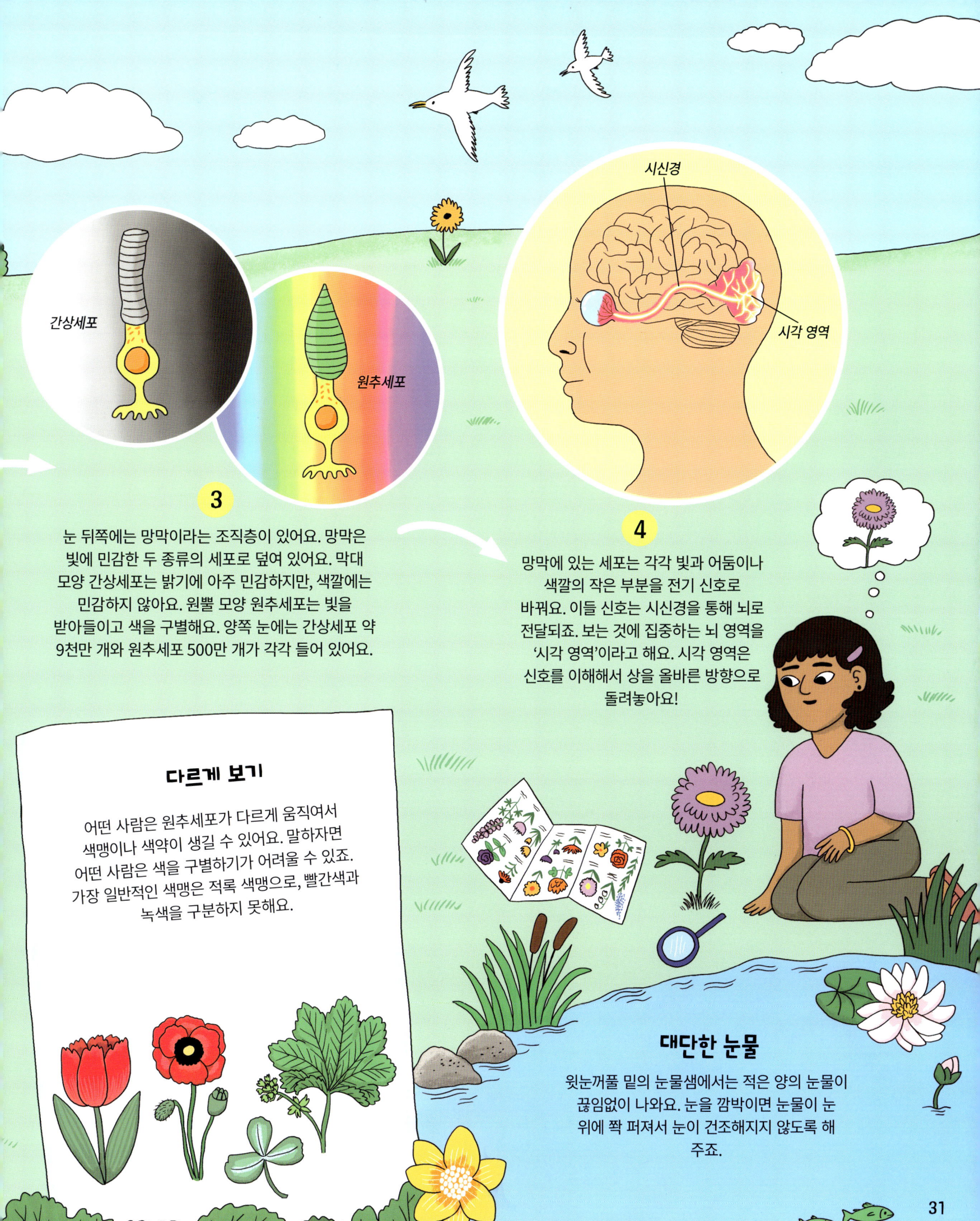

3

눈 뒤쪽에는 망막이라는 조직층이 있어요. 망막은 빛에 민감한 두 종류의 세포로 덮여 있어요. 막대 모양 간상세포는 밝기에 아주 민감하지만, 색깔에는 민감하지 않아요. 원뿔 모양 원추세포는 빛을 받아들이고 색을 구별해요. 양쪽 눈에는 간상세포 약 9천만 개와 원추세포 500만 개가 각각 들어 있어요.

4

망막에 있는 세포는 각각 빛과 어둠이나 색깔의 작은 부분을 전기 신호로 바꿔요. 이들 신호는 시신경을 통해 뇌로 전달되죠. 보는 것에 집중하는 뇌 영역을 '시각 영역'이라고 해요. 시각 영역은 신호를 이해해서 상을 올바른 방향으로 돌려놓아요!

다르게 보기

어떤 사람은 원추세포가 다르게 움직여서 색맹이나 색약이 생길 수 있어요. 말하자면 어떤 사람은 색을 구별하기가 어려울 수 있죠. 가장 일반적인 색맹은 적록 색맹으로, 빨간색과 녹색을 구분하지 못해요.

대단한 눈물

윗눈꺼풀 밑의 눈물샘에서는 적은 양의 눈물이 끊임없이 나와요. 눈을 깜박이면 눈물이 눈 위에 쫙 퍼져서 눈이 건조해지지 않도록 해 주죠.

소리는 어떻게 듣는 걸까요?

새가 지저귀는 소리, 우르르 꽝꽝거리는 천둥소리, 친구들이 하하 웃는 소리는 뛰어난 귀 덕분에 들을 수 있어요. 귀는 소리를 느끼는 기관이거든요! 그런데 소리는 어떻게 듣는 걸까요? 귀는 공기를 통해 이동하는 진동에 반응해요.

북 치는 소리를 들어 봐요!

1 누군가 북을 치면, 북의 가죽이 흔들려 움직여요. 이 진동이 소리를 만들죠!

2 북 가죽이 진동할 때 주변 공기도 진동해요. 공기는 보이지 않는 작은 입자로 이뤄져 있어요. 하나의 입자가 흔들리면 옆에 있는 입자도 흔들려요. 이렇게 이동하는 진동을 '음파'라고 해요.

3 음파가 도달하면 곡선 모양의 바깥귀(외이)를 통해 귀에 전달되죠. 밥그릇처럼 생긴 바깥귀는 소리를 붙잡아요!

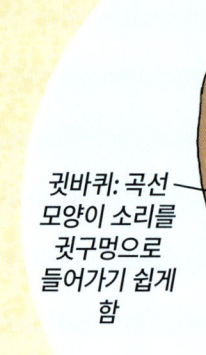

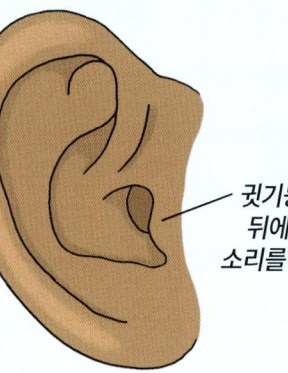

귓바퀴: 곡선 모양이 소리를 귓구멍으로 들어가기 쉽게 함

귓기둥(이주): 뒤에서 오는 소리를 잡아 주는 곳

움직이는 소리

모든 소리는 진동으로 생겨요. 예를 들어 말하거나 노래를 부르면 성대(19페이지 참조)가 진동해요. 진동은 눈으로 볼 수 없지만, 말하거나 노래 부를 때 목에 살짝 손을 대면 느낄 수 있어요.

더 조용해지는 소리

음파는 공기 중에 이동하면서 에너지를 잃어요. 그래서 소음이 멀어지면 조용해지죠! 소리의 세기는 데시벨(dB)로 나타내요. 도로에서 드릴로 땅을 팔 때 나는 소리는 약 100데시벨이에요. 나뭇잎이 땅에 떨어지는 소리는 약 0데시벨입니다.

4

음파는 외이도(바깥귀길)를 타고 고막으로 이동해요. 고막은 북의 가죽처럼 생긴 얇은 막으로 진동하기 시작해요. 진동은 세 개의 작은 뼈인 망치뼈, 모루뼈, 등자뼈로 전달된 뒤에 달팽이관으로 이동해요.

우리 몸에서 가장 작은 뼈는 등자뼈로 길이가 겨우 2~3밀리미터밖에 되지 않아요. 등자는 말 타는 사람이 쓰는 발판을 닮아 붙여진 이름이에요.

5

달팽이 껍데기처럼 소용돌이 모양의 달팽이관은 액체로 꽉 채워져 있어요. 벽에는 작고 아주 민감한 털 같은 세포가 쭉 늘어서 있어요. 달팽이관이 흔들리면 액체가 물결치면서 유모 세포가 움직이죠.

보청기

'청각 장애'로도 불리는 난청은 질병, 부상, 노화, 귓속 차이 등 여러 원인으로 생길 수 있어요. 청각 장애는 보청기를 사용해서 도움을 받을 수 있어요. 최초의 전기 보청기는 1898년에 밀러 리스 허치슨이 친구를 위해 발명했어요. 허치슨의 보청기는 소리를 더욱 크게 만들어서 더 쉽게 들을 수 있었어요.

6

달팽이관의 유모 세포는 '청신경'을 통해 뇌로 신호를 전달해요. 뇌는 신호를 이해하죠. 순식간에 음악 소리를 듣고서 춤을 추기로 해요!

냄새와 맛은 어떻게 느낄까요?

여러분은 코와 입의 민감한 세포 덕분에 냄새를 맡고 맛을 느낄 수 있어요. 이들 감각 기관을 통해 향긋한 꽃향기를 맡고, 맛있는 음식의 맛을 즐길 수 있답니다. 그런데 후각과 미각이 여러분을 안전하게 지켜 주기도 한다는 사실을 알았나요? 예를 들어 상한 음식을 먹지 못하게 경고하기도 하고, 연기 냄새가 나면 경보를 울리라고 알려 주기도 해요.

다양한 후각 수용체는 다양한 냄새에 반응해요. 그중 1조 개까지 냄새를 알아낼 수 있어요.

저녁이 준비됐어요!

1

여러분이 좋아하는 음식이 공기 중에 작은 입자를 내보내요. 이 입자가 냄새죠! 숨을 들이쉴 때 냄새 입자가 콧구멍으로 들어와요. 콧속은 콧물이라는 점액으로 덮여 있는데 냄새 입자가 다다르는 곳이죠.

2

콧물은 냄새 입자를 코 주위에 퍼뜨려요. 특별한 세포인 후각 수용체는 코 뒤쪽 근처에서 기다리다가 냄새에 반응해요. 그다음에 신경을 따라서 '후각 망울(후구)'로 불리는 냄새를 다루는 뇌 영역으로 신호를 보냅니다.

3

후각 망울은 냄새를 구분해요. 후각 망울은 냄새에 관한 기억을 저장하는 뇌 부분에 신호를 보내죠. 뇌는 이 냄새가 위험하거나 역겹지 않다고 판단해요. 사실 맛있는 음식으로 만들어진 냄새죠!

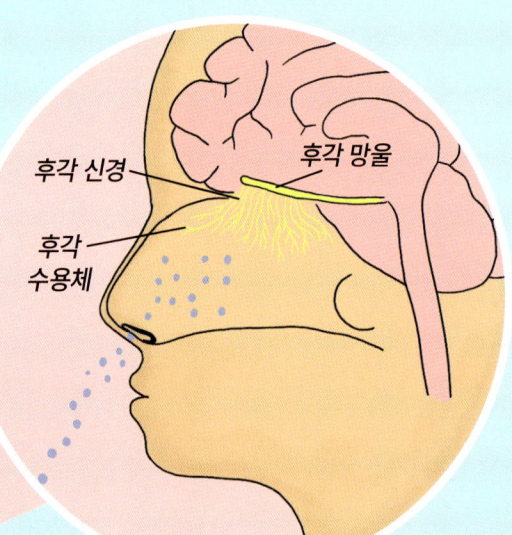

후각 신경
후각 망울
후각 수용체

여러분한테는 후각 수용체가 약 5천만 개 있어요. 사람과 비교하자면, 개는 후각 수용체가 2억 개가 넘어서 반대편 길 끝에 있는 소시지 냄새를 맡을 수 있어요!

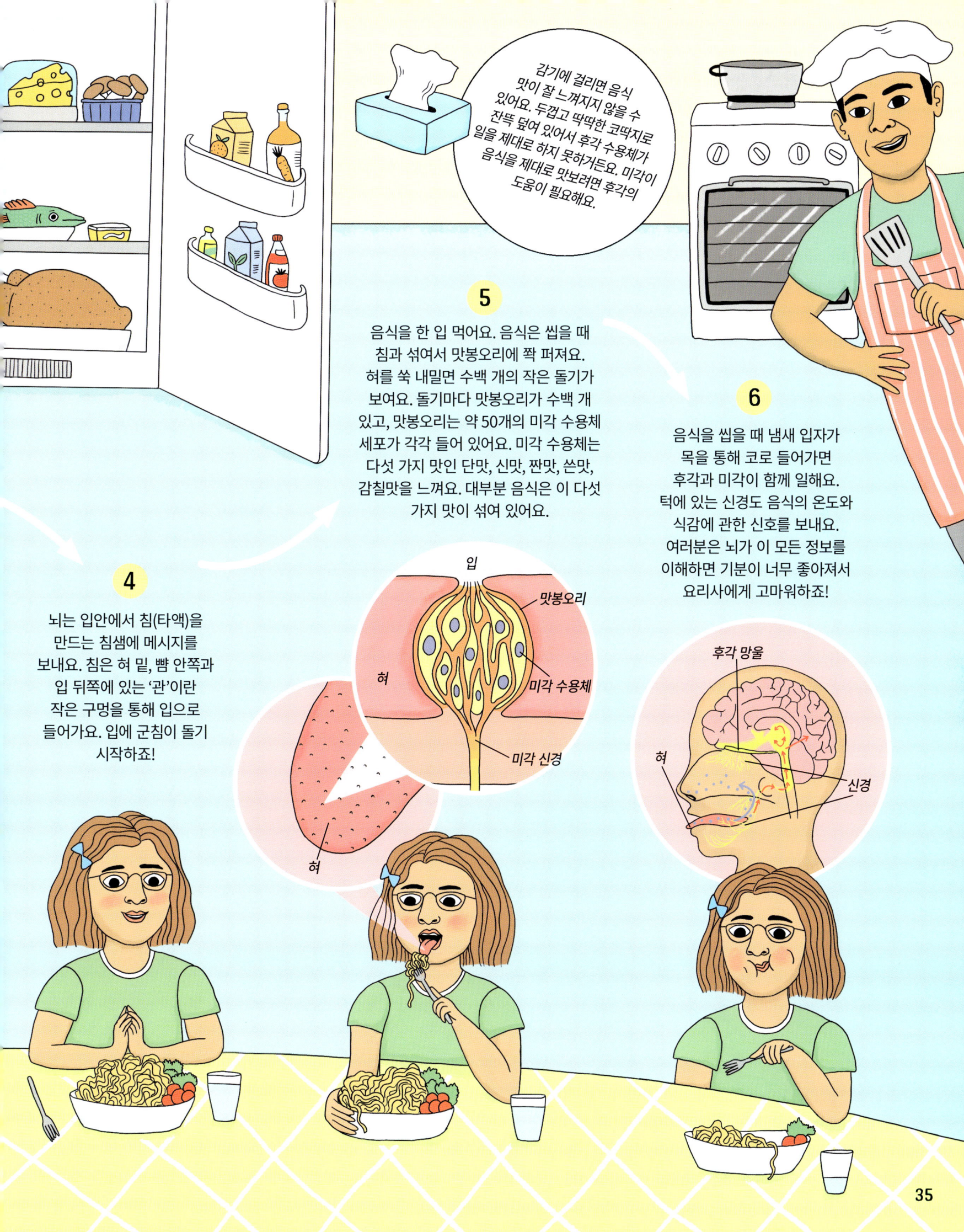

감정은 무엇일까요?

오늘 기분이 어때요? 어쩌면 기쁘거나 들떠 있을지도 몰라요. 또는 슬프거나 걱정스러울 수도 있어요. 매일 여러분은 다양한 감정을 느껴요. 때로는 감정을 조절하기 어려울 수도 있어요. 그런데 어떤 감정을 느끼든지 간에, 감정에는 다 이유가 있답니다. 감정은 평소에 여러분이 안전하게 잘 지내도록 뇌가 유지하는 방법이거든요.

중요한 날

1
아주 오래전에 인간은 사자와 호랑이 같은 야생 동물에 맞서 자신을 지켜야 했어요. 그때에는 두 가지 방법밖에 없었어요. 싸우거나 도망쳐야 했죠. 뇌에서 '편도체'라는 부분은 위험을 느끼면 '싸우거나 도망치라는' 반응을 보내는 일을 맡고 있어요. 때로는 새 학교에 가는 첫날처럼 두려워할 것이 아무것도 없는 때에도 편도체가 이 반응을 일으키기도 해요.

> 뇌는 우리가 원하지 않을 때 두려움을 느끼게 할 수 있지만, 두려움이 우리에게 뭔가 말하려고 한다는 것을 안다면 훨씬 도움이 되죠.

2
편도체가 위협을 느끼자마자 뇌에서 신장 위쪽에 있는 부신(곁콩팥)으로 신호를 전달합니다. 이 분비샘은 '아드레날린'이란 호르몬을 만들기 시작하죠.

부신(곁콩팥)

3
곧바로 아드레날린은 심장 박동과 호흡을 더 빠르게 만들어요. 남은 당분이 혈액으로 내보내져 위장에서 팔다리로 향하면 어쩔 줄을 몰라 불안해지죠. 사자와 싸울 때는 이런 변화가 팔다리에 힘을 더 주므로 도움이 되지만, 새 학교를 시작할 때는 전혀 도움이 되지 않아요!

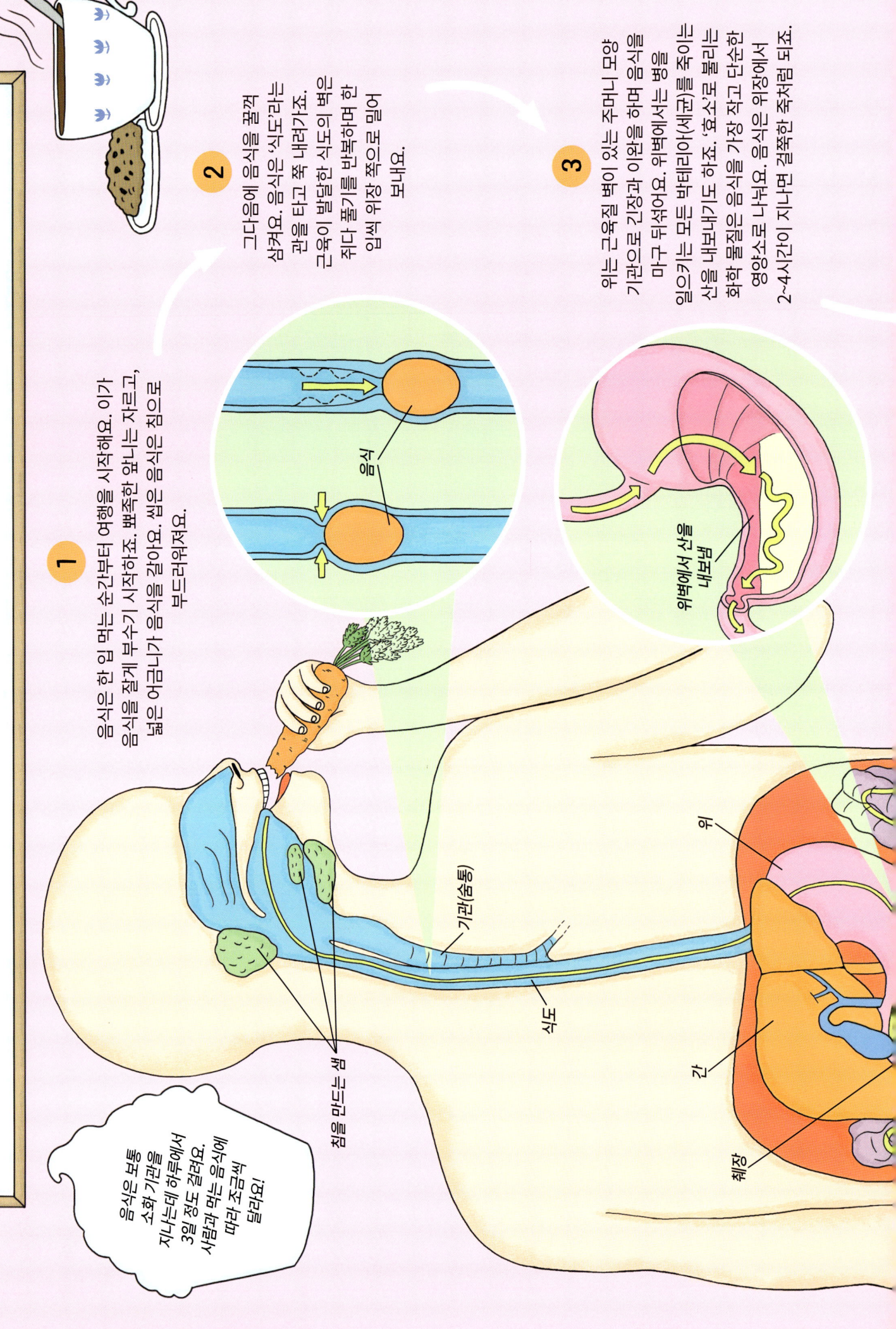

④ 으깬 음식은 고리 모양 근육을 통해 천천히 소장으로 이동해요. 여기서 (간에서 만든) 담즙이란 녹색 액체와 (췌장에서 만든) 더 많은 효소가 만납니다. 이 화학 물질은 소장의 벽이 흡수한 영양소를 혈류에 전달할 수 있도록 음식을 다 분해해요.

⑤ 소화된 음식은 대장에 들어갈 때쯤이면 대부분 노폐물이 됩니다. 그런데도 대장이 벽은 약간의 수분과 영양분을 흡수해요.

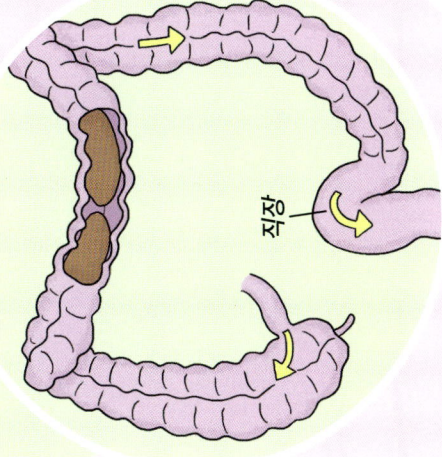

직장

⑥ 마침내 노폐물이 대장의 끝부분 '직장'으로 들어가요. 직장은 약 12~20센티미터예요. 노폐물은 여기서 기다리다가, 음식을 분해할 때 만들어진 가스와 함께 화장실에서 쑥 빠져나가죠!

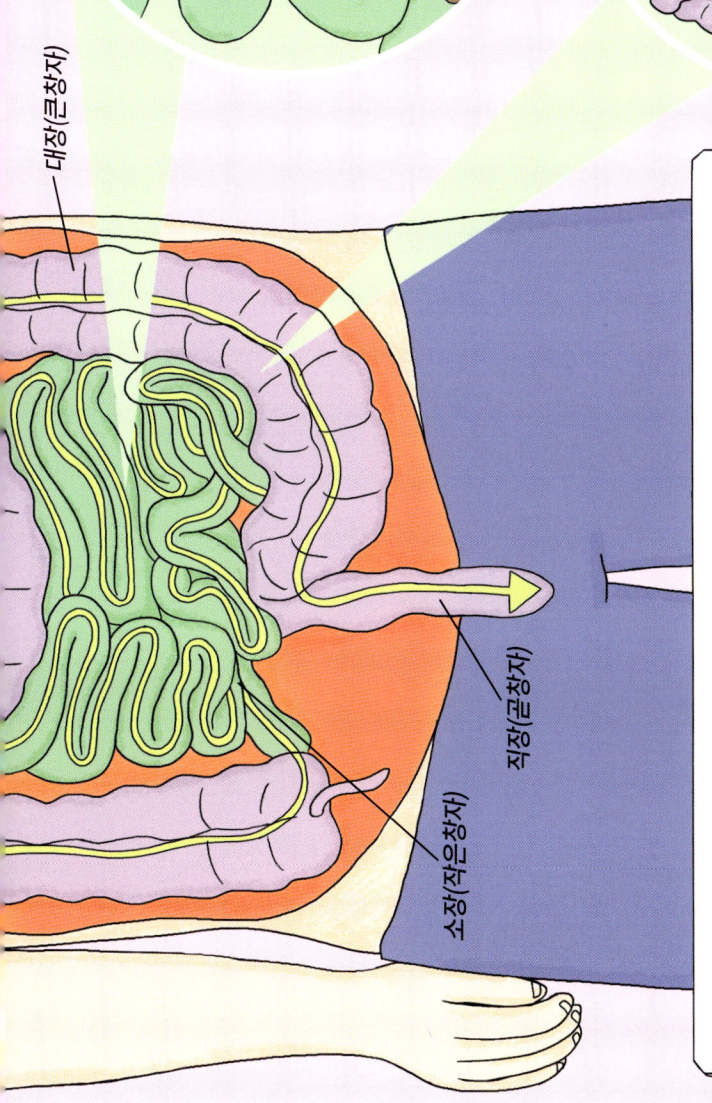

대장(큰창자)
직장(곧은창자)
소장(작은창자)

몸에 필요한 것

몸이 쑥쑥 크고, 건강하고, 튼튼하게 자라는 데 필요한 것을 모두 얻으려면 다양한 음식을 먹는 게 좋아요. 몸에 필요한 주요 영양소는 탄수화물, 단백질, 지방, 비타민, 무기질입니다.

몸에 좋은 탄수화물은 현미, 통밀빵과 파스타, 콩, 채소와 과일에 들어 있어요.

몸에 좋은 단백질은 생선, 달걀, 견과류, 콩, 치즈, 요구르트와 닭고기와 같은 가금류에 들어 있어요.

몸에 좋은 지방은 식물성 기름, 생선, 견과류, 씨앗에서 찾아볼 수 있어요.

비타민과 무기질은 채소, 과일, 생선, 우유, 통곡물 등이 음식에서 찾을 수 있어요.

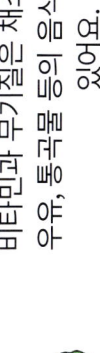

배설물이나 분비물은 어디에 쓰이나요?

오줌, 콧물, 고름, 끈적끈적한 노란 귀지…. 웩! 우리 몸은 냄새나고 미끈거리고 끈적이는 것을 왜 만들까요? 배설물이나 분비물이 각각 아주 중요한 일을 한다는 사실을 알면 깜짝 놀랄지도 몰라요.

오줌 마려워!

비뇨 기관은 소변이라는 액체 노폐물을 만들어서 내보내요. 소변은 쉬, 오줌, 또는 다른 이름으로 불리기도 해요!

1
혈액은 온몸을 돌면서 기관에서 만든 불필요한 물질을 흡수해요. 혈액은 이 노폐물을 없애려고 신장(콩팥)이란 두 기관으로 이동하죠.

2
신장에서는 노폐물이 혈액에서 빠져나와요. 신장은 혈액 안의 수분과 염분을 적절한 수준으로 조절해요.

3
작은 혈관 고리(사구체)에서는 남은 수분과 노폐물이 혈액 밖으로 밀려 나와요. 불필요한 물과 노폐물은 소변이라는 노르스름한 액체가 되죠.

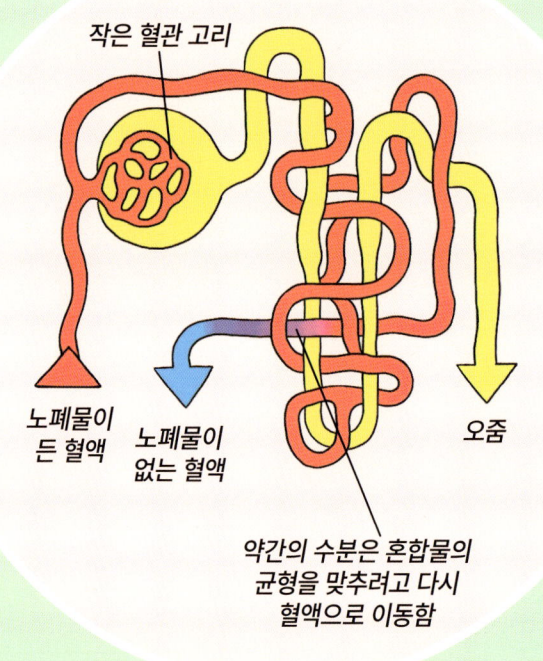

오줌관(요관), 신장(콩팥), 방광(오줌통)

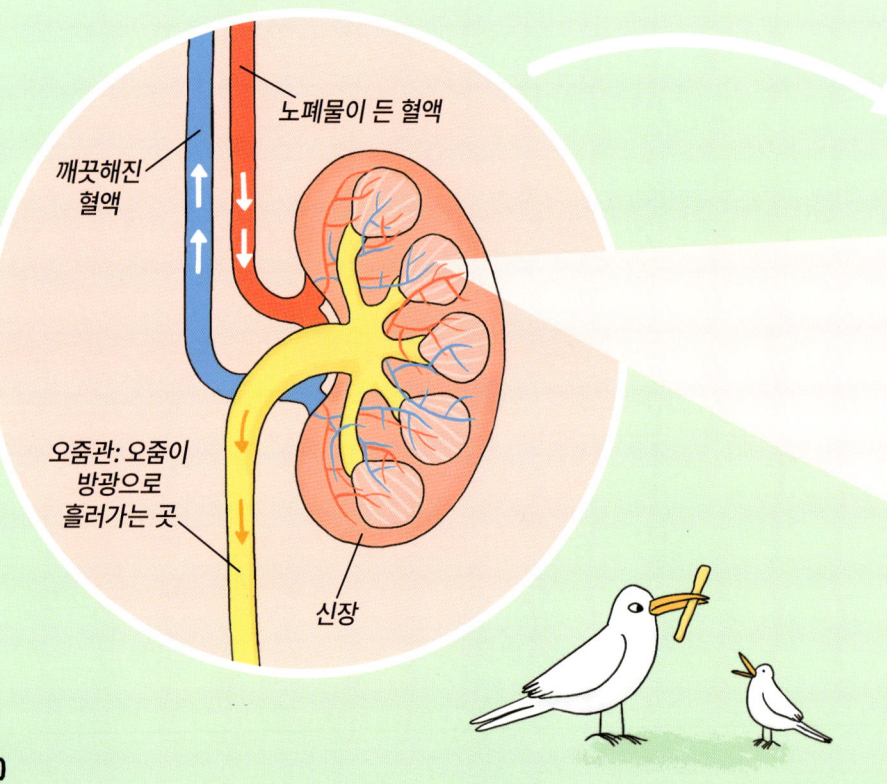

깨끗해진 혈액, 노폐물이 든 혈액, 오줌관: 오줌이 방광으로 흘러가는 곳, 신장

작은 혈관 고리, 노폐물이 든 혈액, 노폐물이 없는 혈액, 오줌, 약간의 수분은 혼합물의 균형을 맞추려고 다시 혈액으로 이동함

줄줄 흐르는 콧물

끈적거리는 콧물은 콧속 세포에서 만들어져요. 콧물은 먼지와 박테리아처럼 불필요한 물질을 잡아서 숨 쉴 때 폐로 들어가지 않도록 해 줘요. 감기에 걸리면 병균을 몸 밖으로 쫓아내려고 코에서 더 많은 콧물을 만들어요.

보통 10살 아이의 방광에는 오줌을 최대 두 컵 정도 담을 수 있어요.

하지만 방광이 꽉 차기 전에 화장실에 가는 것이 좋아요.

꼭 필요한 귀지

귀지는 귀를 깨끗하게 유지하려고 만들어져요. 사실 귀지는 지방유와 땀과 같은 성분으로 바깥귀길의 세포에서 만들어져요! 끈적거리거나 마른 귀지가 귀 밖으로 천천히 이동하면서 먼지와 박테리아도 함께 가져가죠.

고름의 쓸모

고름은 상처가 나면 피부 아래에 쌓이는 하얗거나 노르스름한 액체입니다. 고름에는 다친 곳으로 달려가는 백혈구(42페이지 참조)가 들어 있어요. 고름에 든 백혈구는 감염되지 않도록 우리 몸을 지켜 주죠.

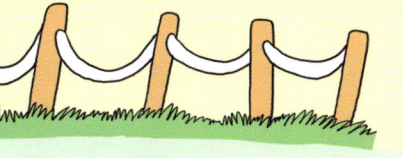

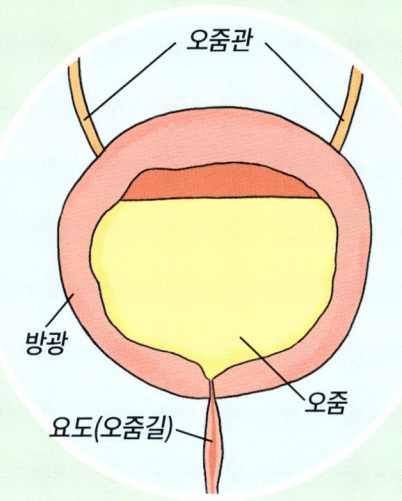

4

오줌은 오줌관으로 들어가서 방광으로 흘러가요. 주머니처럼 생긴 방광은 근육이 발달한 주름진 벽이 있어요. 방광이 오줌으로 꽉 차면 더 많은 공간을 만들려고 주름을 쫙 펴요.

오줌관

방광

요도(오줌길)

오줌

5

방광을 싹 비울 준비가 되면 방광 입구 주변의 근육이 이완해요. 오줌이 요도를 따라 몸 밖으로 흘러나오죠.

41

내 몸은 어떻게 나를 보호할까요?

우리 몸은 작은 침입자의 공격을 받고 있어요! 바이러스와 박테리아, 곰팡이는 몸 안팎에서 편히 지내려고 해요. 보이지 않는 침입자로부터 어떻게 자신을 지킬까요? 그게 바로 면역계가 하는 일이에요! 면역 체계는 몸이 아프지 않도록 침입자를 발견하고 공격하죠.

침입자를 잡아라!

면역계는 여러분을 지키려고 아주 특별한 도구인 수십억 개의 백혈구를 사용해요. 다양한 종류의 백혈구는 침입자를 잡아먹고, 다음번에 침입하면 그 침입자를 기억하는 등 여러 일을 맡고 있어요.

1 침입: 새로운 바이러스가 몸에 들어왔어요! 바이러스가 단핵구란 백혈구와 만났어요.

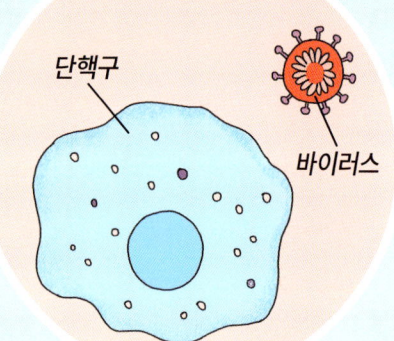

2 첫 번째 반응: 단핵구는 침입자에 맞서는 몸의 첫 번째 방어막이에요. 단핵구는 바이러스를 둘러싸면서 죽여요. 사실은 단핵구가 바이러스를 잡아먹죠! 그런데 이 작은 바이러스는 혼자가 아닐 테니까, 단핵구의 일이 아직 끝나지 않았어요.

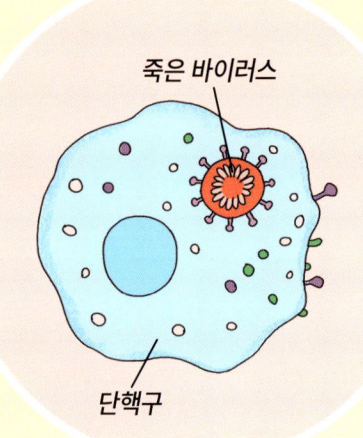

3 경고음 울리기: 단핵구는 '도움T세포'라는 다른 백혈구에 약간의 바이러스를 전달해요. 이제 T세포는 바이러스에 관한 정보를 갖고 있어서 몸의 방어막을 조정할 수 있어요. T세포는 화학적 메시지를 다른 백혈구에 보낼 수 있어요.

어쩌면 몸에는 바이러스, 박테리아, 곰팡이가 약 1만 가지 종류나 있지만, 대부분은 해롭지 않아요!

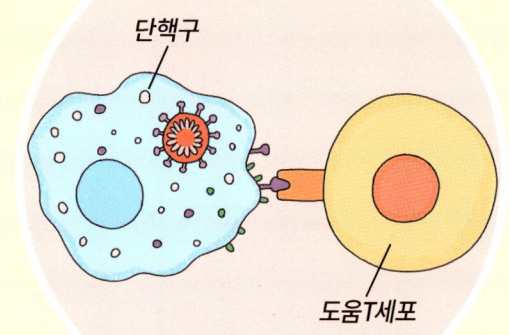

침입자들

바이러스
감기나 독감과 같은 많은 바이러스는 기침과 재채기로 사람 사이에서 쫙 퍼져요. 바이러스는 살아 있는 다른 세포 안에서만 번식(자기 복제)할 수 있어요. 바이러스가 세포 안에서 번식하려고 하면 세포에 해를 끼쳐서 아플 수 있어요.

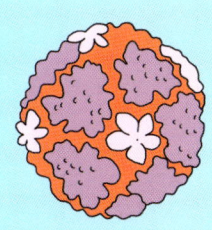
감기를 일으키는 리노바이러스

박테리아
해롭지 않은 수백만 개의 박테리아가 여러분의 몸에 살고 있어요. 장에서 음식의 소화를 돕는 박테리아처럼 많은 박테리아가 도움을 주죠. 하지만 몇몇은 아프게 해요. 박테리아는 입(음식), 코, 눈 또는 상처를 통해 몸 안으로 들어올 수 있어요.

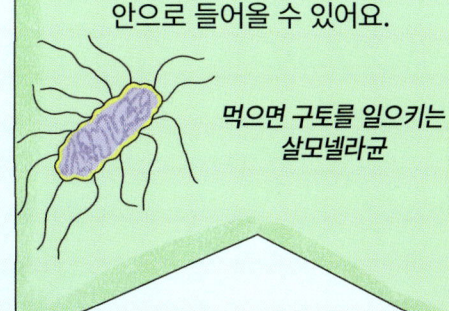
먹으면 구토를 일으키는 살모넬라균

곰팡이
곰팡이는 수백만 종류가 있지만, 인간에게 질병을 일으키는 곰팡이는 몇백 개밖에 없어요. 가장 흔한 곰팡이 감염은 무좀처럼 피부에 생겨요.

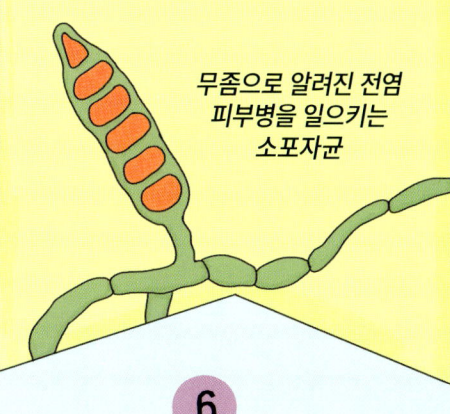
무좀으로 알려진 전염 피부병을 일으키는 소포자균

6

침입자 막기: 항체의 팔 끝은 바이러스를 잡는데 딱 좋은 물질로 되어 있어요. 곧이어 바이러스는 항체에 빙 둘러싸여서 몸의 세포를 감염시키지 못하죠. 이제 바이러스는 해를 끼칠 수 없어요! 나중에 이 바이러스가 돌아올 때를 대비해서 몇몇 항체가 남아 있어요.

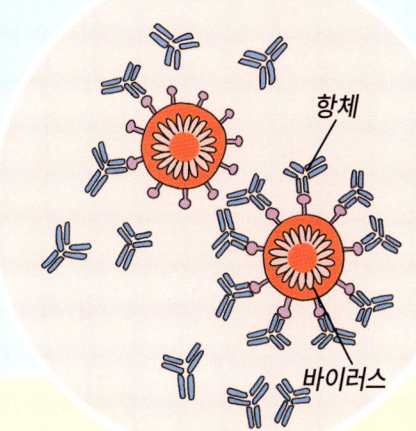
항체 / 바이러스

바이러스는 지름이 0.000002센티미터 정도로 너무 작아 보통 현미경으로 볼 수가 없어요.

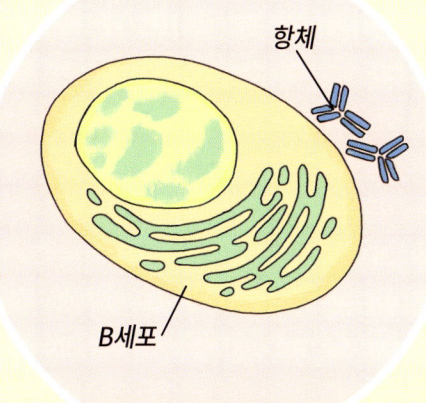
항체 / B세포

4

지원군 보내기: 먼저 도움T세포는 자신의 복제를 만들어요. 복제한 T세포에는 바이러스에 관한 중요한 정보가 각각 들어 있어요. 새로운 T세포는 온몸을 돌아다니며 더 많은 단핵구에 위험을 알리는 메시지를 보내요. 얼마 안 있어 침입자를 잡아먹을 준비를 마친 수많은 단핵구가 우르르 나타납니다!

도움T세포

5

방어막 쌓기: 그다음에 T세포는 B세포라는 다른 백혈구에 메시지를 보내요. B세포는 메시지를 받자마자 '항체'라는 Y자 모양의 구조를 많이 만들죠. 항체는 면역계의 비밀 무기입니다.

나이가 들면 어떤 일이 생기나요?

여러분은 태어난 날부터 늙고 있어요. 몸은 살면서 쭉 변해요. 어린아이일 때는 나날이 더 커지고 강해지고 똑똑해져요. 정말 나이가 들면 피부가 쭈글쭈글해지고 머리카락이 희끗희끗해지기 시작해요. 그런데 몸은 왜 변하고, 어떻게 변하는 걸까요?

성장

1

많은 아이는 2살쯤 되면 걷고 말할 수 있어요. 아이들은 개가 멍멍 짖거나 손에서 놓으면 공이 툭 떨어진다는 사실처럼 많은 것을 배우죠! 이렇게 많은 것을 배우기 위해서 유아의 뇌는 태어났을 때보다 세 배나 무거워져요.

2

아이가 7살이 되면 뇌의 무게가 어른과 거의 비슷해져요. 많은 아이는 읽고, 쓰고, 셈을 할 수 있어요. 어떤 아이들은 친구 사귀기, 함께 노력해서 문제 해결하기, 다른 사람의 감정을 이해하는 법을 배우기도 하죠.

3

8살~16살의 어느 시기에는 몸이 사춘기라는 변화를 겪기 시작해요. 여자아이들은 가슴이 커지고 난소에서 달마다 난자를 배출하기 시작하죠. 남자아이들은 목소리가 굵어지고 정자를 만들기 시작해요. 남자아이와 여자아이들이 급성장하면 1년에 10센티미터 이상 자랄 수 있어요.

도움이 되는 호르몬

호르몬은 성장과 같은 몸의 변화를 가져와요. 호르몬은 혈액을 통해 메시지를 보내는 화학 물질입니다. 다 합해서 분비샘과 기관은 50종류가 넘는 다양한 호르몬을 만들어요! 성장 호르몬은 뇌의 뇌하수체에서 만들어져요. 뇌하수체는 어릴 때 더 커지라고 뼈와 근육에 신호를 보내죠.

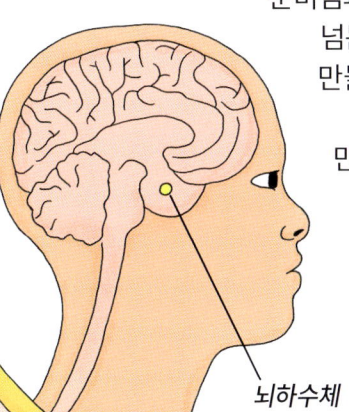

뇌하수체

왜 늙을까요?

우리 몸의 모든 부분은 세포로 이뤄져 있으며, 세포는 끊임없이 나뉘거나 둘로 쪼개져요. 이렇게 몸은 자라면서 오래되고 망가진 세포를 바꾸죠.

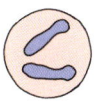 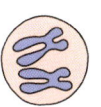 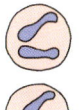

단세포 　　　 DNA 복제 　　　 똑같은 세포 두 개

그런데 하나의 세포는 평생에 걸쳐서 단 50~70번만 나뉠 수 있어요. 결국에는 오래된 세포를 교체할 새로운 세포가 충분하지 않을 거란 뜻이에요. 그런 이유로 나이 든 사람은 몇몇 기관이 잘 움직이지 않을 수 있어요. 하지만 건강하게 잘 먹고, 운동하고, 즐겁게 지내면 오랫동안 건강하게 지낼 수 있어요.

4

대부분 사람은 18살이 되면 키가 완전히 다 자라죠. 하지만 뇌는 적어도 25살까지 발달이 끝나지 않아요. 뇌가 발달함에 따라 계획을 세우고 현명한 판단을 내리는 능력이 더욱 좋아지죠.

5

70살이 되면 사람들은 대부분 주름이 많이 생겨요. 주름은 피부가 더 건조해지고 탄력이 줄어들어서 생기죠. 모낭에서 색깔을 만드는 세포가 죽으면 머리카락이 하얗게 변해요. 세상에 대한 이해와 가족과 친구에 관한 사랑은 계속 커지죠.

인체 관련 단어 풀이

가금류
닭, 오리, 거위 등 집에서 기르는 날짐승.

가스
공기처럼 정해진 모양이나 크기가 없는 물질.

곰팡이
어둡고 습기가 많은 곳에서 자라는, 가느다란 실 모양의 균사로 이루어진 균.

기관
심장이나 위처럼 특별한 일을 맡아서 하는 몸의 일부. 기관은 다양한 조직으로 이뤄져 있음.

기관계
복잡한 일을 하려고 서로 협력하는 한 무리의 기관.

뇌하수체
사이뇌(간뇌) 아래쪽에 밤톨 모양으로 늘어진 샘물로, 뼈와 근육을 자라게 하는 성장 호르몬 등 여러 호르몬이 분비됨.

뉴런
신경 세포. 뉴런은 작은 전기 신호 형태로 메시지를 전달할 수 있음.

동맥
혈액이 심장에서 몸의 각 기관이나 조직으로 이동하는 관.

모낭
털집. 진피 속 털뿌리를 싸고 털의 영양을 맡아보는 주머니.

모세혈관
실핏줄. 아주 좁고 얇은 벽으로 된 혈관.

무기질
음식에 든 물질로 몸이 건강해지는 데 필요한 영양소. 무기질은 생물이 만들 수 없지만, 식물이나 동물이 흡수한 다음에 사람이 먹어서 얻을 수 있음.

바이러스
다른 생물의 세포 안에서만 번식(자기 복제)할 수 있는 생명체. 바이러스가 번식하면 몸이 아플 수 있음.

박테리아
세균으로도 불리는 작고 단순한 생명체. 해가 없거나 도움이 되는 박테리아도 있지만, 몸에 들어와 병을 일으키는 박테리아도 있음.

백혈구
세균과 바이러스와 같은 침입자가 병을 옮기지 못하게 몸을 지켜 주는 세포.

분비샘
땀, 눈물, 호르몬과 같은 물질을 만드는 기관.

비타민
음식에 든 무기질로 몸을 잘 움직이는 데 필요함.

산소
몸의 세포가 맡은 일을 하기 위한 에너지를 만드는 데 필요한 기체.

성대
후두 중앙부에 있는 소리를 내는 기관.

세포
몸에서 일하는 가장 작은 부분. 다양한 종류의 세포가 몸의 조직과 기관을 모두 만듦.

세포 소기관
세포 안에서 특정한 기능을 지닌 각각의 세포 구조.

소화
음식을 몸에 쓸 수 있는 단순한 형태로 분해하는 것.

솔방울샘
좌우 대뇌 반구 사이 셋째 뇌실의 뒤쪽에 있는 솔방울 모양의 내분비 기관. 수면에 관여해 생체 리듬을 만드는 호르몬인 멜라토닌을 만들어냄.

수용체
빛, 맛, 냄새 또는 접촉에 반응하는 세포.

신경
뇌에서 온몸으로 또는 온몸에서 뇌로 메시지를 전달하는 뉴런 뭉치.

신경종말
신경 섬유의 끝부분.

아드레날린
신장 바로 위에 있는 부신에서 분비되는 호르몬으로, 피의 순환과 호흡 속도를 빠르게 만듦.

연골
뼈와 함께 몸을 지탱하는 무른 뼈. 강하지만 구부러지는 조직.

영양소
몸이 일하고 자라는 데 필요한 물질.

유전자
유전되는 특징을 담고 있는 물질로 디엔에이(DNA)의 한 부분.

이산화탄소
몸의 세포에서 만들어진 원치 않는 노폐물 가스.

입자
알갱이. 물질을 구성하는 아주 작은 크기의 물체.

적혈구
폐에서 온몸의 조직으로 산소를 운반하는 혈액 안의 세포.

정맥
혈액이 온몸에서 심장으로 이동하는 관.

조직
같은 기능과 구조를 가진, 함께 일하는 비슷한 세포 무리.

진동
앞뒤로 빠르게 움직이거나 흔들리는 것.

척수
뇌 아래에서 시작해서 척추까지 쭉 이어진 기다란 신경 다발. 척수는 뇌와 몸의 다른 부분 사이에 신호를 전달함.

통곡물
속겨를 벗기지 않은, 씨앗이 통째로 든 곡물.

판막
혈액과 같은 액체가 한 방향으로만 흐르도록 관이나 구멍을 닫을 수 있는 막.

혈관
핏줄. 몸 전체에 혈액을 운반하는 관.

혈장
혈액의 액체 부분. 혈액 세포는 혈장을 따라 떠다님.

호르몬
메시지를 전달하는 화학 물질. 호르몬은 몸의 한 부분에서 만들어진 뒤에 다른 부분으로 이동해서 세포, 조직, 기관이 일하는 방법을 바꿈.

효소
생물체 몸속 변화를 일으키는 물질. 예를 들어 위 효소는 음식을 단순한 조각으로 분해함.

마무리

이제 우리 몸이 일하는 놀라운 과정을 따라간 여행이 끝났어요! 우리 몸의 혈관, 신경, 기관을 따라 여행하면서 뭘 배웠나요?

다음에 웃거나 뛰거나 들을 때, 그렇게 하도록 만든 모든 작은 세포와 바쁜 기관에 대해 한번 생각해 봐요. 매일 여러분 몸속에서는 건강한 여러분이 되도록 모두 함께 일하고 있어요!

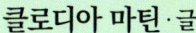

클로디아 마틴 · 글
인체, 과학, 자연에 관해 글을 쓰는 것을 즐깁니다. 청소년과 성인을 위한 많은 책을 썼으며,
최근에 쓴 책으로는 트윌 얼티미트 시리즈의 《인체》와 《행복하고 건강한 인체》 등이 있습니다.

발푸리 커툴라 · 그림
에든버러 예술대학을 졸업했습니다. 흥미로운 캐릭터와 밝고 다채로운 그림으로 어린이책과
교과서에 상상력을 불어넣는 일을 즐깁니다. 그린 책으로 《어린이를 위한 생산과 이동의 원리》,
《요리조리 뜯어보는 기계의 구조와 원리》가 있습니다.

한성희 · 옮김
저널리즘을 공부했으며, 현재 번역 에이전시 엔터스코리아에서 전문 번역가로 활동하고 있습니다.
옮긴 책으로는 《진정한 아름다움》, 《종소리 울리던 밤에》, 《겨울은 여기에!》, 《작은 별을 주운 어느 날》,
《지구를 지켜줘!》, 《리키, 너도 구를 수 있어!》, 《작은 구름 이야기》, 《산타의 365일》,
《어마어마한 곤충의 모든 것》, 《하루살이에서 블랙홀까지, 대자연의 순환》, 《우주에서 외계인을 찾는 과학적인 방법》,
《가짜 뉴스와 진짜 뉴스를 구별할 수 있어?》 등이 있습니다.

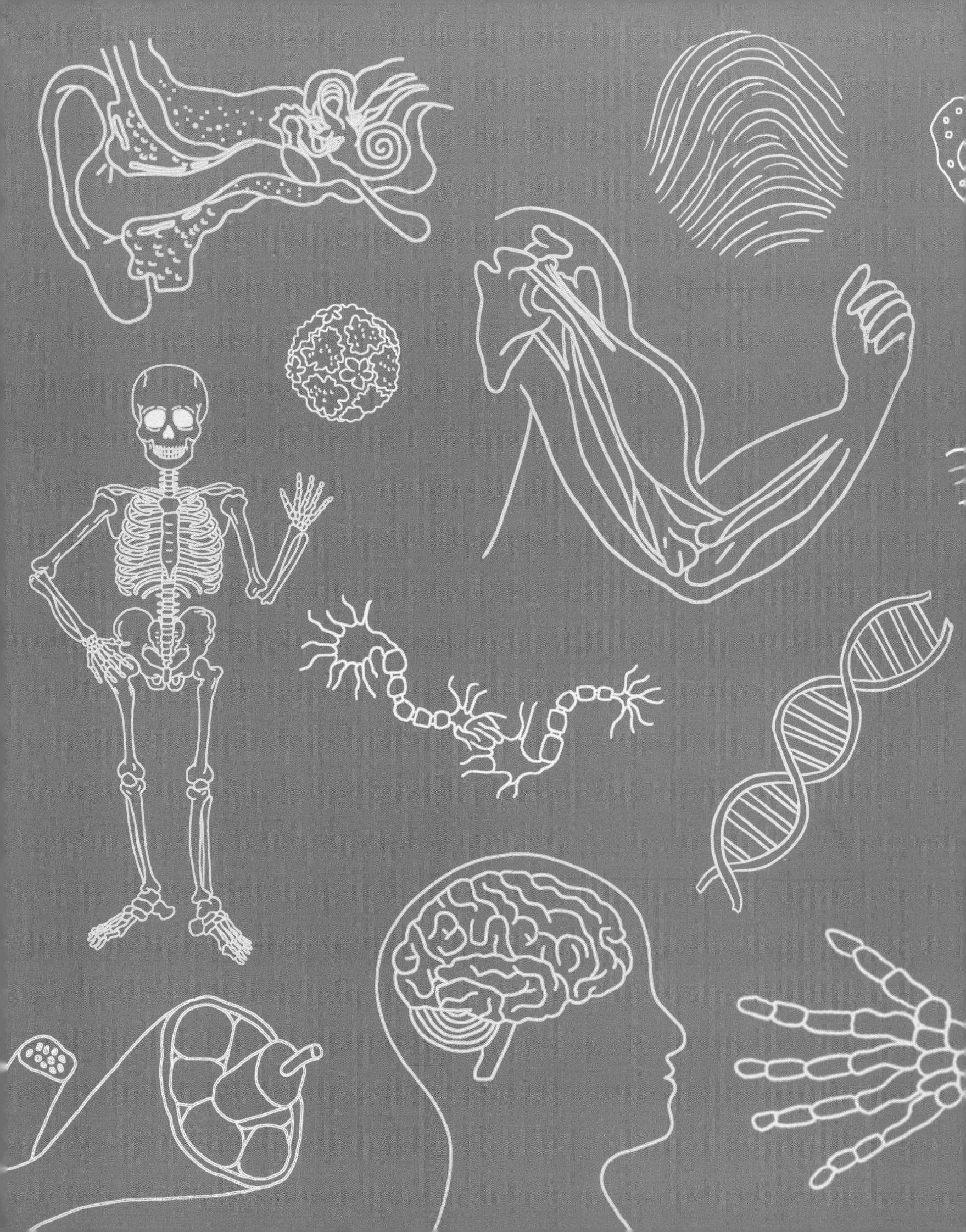